教育让希望重生

钟杰班主任实践智慧

钟杰 ◎ 著

ZHONG
JIE
WORKS

Education
makes hope reborn

长江出版传媒　长江文艺出版社

图书在版编目（CIP）数据

教育让希望重生：钟杰班主任实践智慧 / 钟杰著. -- 武汉：长江文艺出版社，2018.9（2020.3 重印）
（大教育书系）
ISBN 978-7-5702-0455-7

Ⅰ.①教… Ⅱ.①钟… Ⅲ.①班主任工作—工作经验 Ⅳ.①G451.6

中国版本图书馆 CIP 数据核字(2018)第 102212 号

| 责任编辑：施柳柳 | 责任校对：陈 琪 |
| 装帧设计：壹 诺 | 责任印制：邱 莉 王光兴 |

出版：长江出版传媒 长江文艺出版社

地址：武汉市雄楚大街 268 号　　邮编：430070
发行：长江文艺出版社
电话：027—87679360
http://www.cjlap.com
印刷：武汉中科兴业印务有限公司

开本：720 毫米×970 毫米　　1/16　　印张：16　　插页：2 页
版次：2018 年 9 月第 1 版　　2020 年 3 月第 2 次印刷
字数：234 千字

定价：39.80 元

版权所有，盗版必究（举报电话：027—87679308　87679310）
（图书出现印装问题，本社负责调换）

目 录

第一辑 遇见就是美好 看见就是真爱

送给孩子的见面礼 / 3

给自己的班级取一个与众不同的名字 / 6

孩子给自己贴了负面标签怎么办？/ 10

不合理比较就是暴力 / 14

在学习这条打怪升级的路上，你是哪个级别？/ 17

第二辑 唤醒是有效教育的前提

如何拨亮孩子的生命之灯？/ 25

心灵鸡汤什么时候喝才有效？/ 29

所有的结果都跟你的生命状态有关 / 33

好孩子是熏出来的 / 36

怎样扭转"不操心，但伤心"的局面？/ 40

为什么有些人再遇时会比以前更美好？/ 44

青春，需不需要吃苦？/ 48

第三辑　班级管理的核心是助力人的成长

升旗仪式上，孩子们着装不当怎么办？/ 55
如何有效管理时间？/ 59
遇到吃软不吃硬的学生怎么办？/ 64
如何应对学生之间的不愉快事件？/ 68
学生吃零食班主任该怎么管？/ 74
孩子，你为什么会受罚？/ 80
既成事实后，我们该有怎样的处理方式？/ 84
把被动倾听者变成主动输出者 / 88

第四辑　怎么爱才是学生所需要的？

莲韵九班性格揭秘及对策 / 95
成长不易，小心呵护 / 99
真正的看见 / 104
如何对待性格偏激的孩子？/ 108
教师，也是播种的农夫 / 112
给学生写封信吧 / 115
如何给学生讲听得进去的道理？/ 119
说服和说教的区别 / 123
如何改变自以为不幸的孩子的心态？/ 128
告诉孩子，父母为何要控制你 / 135
教会学生人际交往的边界 / 139

第五辑　比成绩更重要的是学力和方法

没有什么比保住孩子的上进心更加重要 / 145
逆袭战队之逆袭招数 / 150
给孩子正确有效的学习方法 / 154
你可以放弃考试，但不可以放弃学习 / 160

中考倒计时 100 天，孩子们要不要宣誓？/ 165
给学生培植一颗上进心 / 170
如何指导偏科学生克服对学科的恐惧心理？/ 175
用二百五的精神对抗生活 / 179
如何应付复习之中的高原反应？/ 184
临近中考，成绩上不去，班主任怎么做？/ 189
如何改变学生假努力的现状？/ 193
如何为学力不佳的孩子谋出路？/ 198

第六辑 班主任，就应该是造梦高手

激活趋于死机的孩子 / 205
让每个孩子都努力去做最好的自己 / 208
帮助学生确立自己的人生方向 / 213
班主任要以丈母娘的心态培养男生 / 219
你究竟想做什么样的男人？/ 224
如何帮助学生克服选择恐惧症？/ 230
怎样做学生体育考试的场外指导？/ 234
潜龙不必急着升天 / 239
最坏的结果，也就是大器晚成 / 243
再相遇，我们都要更加美好 / 247

第一辑

遇见就是美好　看见就是真爱

送给孩子的见面礼

新老师与新学生见面，总是要准备一些见面礼的。比如，把自己打扮得端庄漂亮，利用首因效应给学生留下美好印象。再比如抢着与学生一起打扫教室卫生，让学生觉得你这个老师平易近人。总之，经验丰富的班主任，对如何抓住新学生的心，各有高招。

不过，我接手的这个班级，既然是被领导和老师视为最没有希望的班级，这就说明，组成这个班级的孩子多半都是老油条了，加之我已经是他们的第四任班主任了，想必我能想到的招数他们都已经见惯不惊了。

我用脑子百度了一下他们的前三任班主任，她们都有哪些特点？相比之下，我与这三位班主任的不同之处在哪里？

答案很快就出来了。我是语文教师，善于表达，长于写作，加上阅读量很大，眼界开阔，思维活跃。那我何不扬长避短给孩子们准备一番"与众不同"的开场白以及我自己写的书呢？我相信他们听了我的一番言辞之后一定很震动，看到我写的书之后一定很震惊。下面的金句就是我与孩子们第一次见面时送出去的第一份见面礼——

1. 我是来陪伴你们的，不是来监管你们的。我也不是来督促你们成长，我只是来与你们一起成长！

2. 我不会找你们以前的班主任去挖掘你们的过去，更不会去打探你们的隐私，以前种种，明日黄花。我会用我的一双眼睛认真地去观察，用我的一双耳朵仔细地去聆听，用我的一颗心真诚地去体会，然后，用嘴巴谨慎客观地表达！

3. 你们就是一本本丰富多彩的书，我会用心地去读，我也是一本厚重有趣的书，不急，有一年的时间，你们慢慢读。

4. 谁教你们并不重要，重要的是这个老师能给你什么！尤其是我，你们要留心，我可以给你们什么？

5. 不管你出了什么事，你都要相信我在你身边，我一定会帮你，我始终跟大家在一起！

6. 我要让每个同学都有尊严地坐在这个教室里学习。

7. 师生之间只有彼此成全，才是一种健康的关系，两败俱伤的师生关系只能说明师生都已经不把自己当人了！

8. 我个人的内在追求是：明年毕业了，你能对自己说，今生我能碰到钟老师，我是幸运的！

9. 我是你们的语文老师，也是你们的班主任，但我不愿意你们叫我语文老师或班主任，我希望你们能亲切地叫我钟老师或者艾岚同学。

10. 遇见就是美好，相处就是缘分，今生的相遇，是我们一辈子的福缘，珍之，重之。

第二份见面礼是——

我问班上有孩子喜欢阅读吗？喜欢的请举手，我话声一落，就举了二三十双手。我说："不要做给我看，请尊重自己的内心，实实在在喜欢阅读的请站起来。"有13个孩子站了起来。我压住心中的笑意，平静地说："想清楚啊，一定要扪心自问，真心喜欢阅读的才站起来啊。"站起来的孩子不明就里，互相观望，坐下还是继续站着，犹豫不决；没有站起来的孩子也莫名其妙，是该像别人一样站起来还是继续坐着，也是犹豫不决。我说："想清楚才不会后悔。"说完，我转身走出教室，把一个开了口的纸袋拿到讲台上，说："我要送这13位同学礼物！"听说有礼物，坐着的孩子马上后悔当初没有站起来，跃跃欲试要站起来了。我说："别动，你们可是尊重了自己的内心，不可以违背！"话毕，我伸手数了数纸袋里的书，天啊！什么叫"无巧不成书"？这就是了！纸袋里刚好13本书！

我把书拿出来，将封面朝向孩子们，说："这是我的新作——《我的母亲不是神》，送给喜欢读书的同学！"

孩子们哗然，顿时议论纷纷，惊奇得眼珠子都要迸出来了，舌头吐出来有一寸长。站起来的孩子得意非凡，没有站起来的孩子悔不当初！

我把书一一送给站起来的13位孩子，其他孩子则连连称羡。书送完，我说："关于我，我不想多说，你们慢慢会了解的！如果实在好奇得紧，自己去网上查询就是。"

孩子们后来对我说，他们看见我的第一眼就喜欢我了，听到我说话就佩服我了，见到我做事就接纳我了。

艾岚心语▼

开学第一天，尤其是与学生第一次见面。班主任一定要利用首因效应赢得学生的好感。什么是首因效应？简单说就是第一印象，人与人第一次交往中给人留下的印象，在对方的头脑中形成并占据着主导地位。尤其是接手他人班级，孩子们通常会怀旧，对新来的班主任多少有些抗拒。如果第一印象不好，孩子们一旦形成刻板印象，想要扭转就比较难了。因此，第一次见面，怎么穿？怎么说？怎么做？一定要事先做好充分的准备。

以我多年的实践经验，在穿着上，老师与学生第一次见面一定要穿得干净、整洁、得体，男老师要显得斯文儒雅，女老师要显得知性优雅。建议穿裁剪合体、干练大方的职业套装，最好不要穿随意的休闲装。在说话方面，我个人觉得尽量说以学生为本，符合教育规律，且善解人意的话。语气要诚恳，语意要真诚，语调要柔婉，表情要柔和，千万不要显摆自己的丰功伟绩，更不要对学生不屑一顾，忌谈前任班主任的不足，避谈学生过往的不良。至于如何做？身先士卒，自己动手。比如一进教室，看见教室地面脏，不要发表任何意见，拿起扫帚就开扫；看见教室桌椅乱，一声不吭，伸手就将桌椅摆放整齐。

开学见面礼：穿得好看，说得好听，做得好棒。我相信有了这"三好"，一定能赢得学生的喜爱。

给自己的班级取一个与众不同的名字

开学第一天，我问孩子们："咱们班的班名是什么？班级 LOGO 是什么？"孩子们异口同声："不知道！"

看他们回答得天真又认真的样子，我纳闷，不可置信地说："奇了怪了，我记得去年学校统一做了班级文化展示，每个班都有自己的班牌，上面就有班名和班徽，你们怎么集体遗忘了？"

孩子们被我问得集体沉默，过了一阵子才有个小孩小声说："那不是我们的班名，不是我们取的，我们都忘记了。"

听孩子这样说，我赶紧转移话题，说："我知道，没有亲自参与，所以很容易忘记。现在我要求每个同学都参与，给我们的班级取一个与众不同的名字，怎么样？"

孩子们没有异议，于是我就安排他们用三天的业余时间思考班名，然后再用两天的业余时间将班名变成文字。

事后学习委员朱雅婷将孩子们取的班名交给了我，我趁空做了个梳理，顺便也对孩子们取的班名进行了调侃式的点评：

卓越班（这个也太陈旧了吧，很多班级已经用腻了）

赵日天班（竟然用这个词汇，想要表达什么？难道是他内心的狂拽炫酷？）

向前走（取这个班名的时候内心是不是在喊一二一？）

天火大道（这个孩纸在看唐家三少的网络小说？）

莲缀班（像点缀的出水莲花一样纯洁）

晨曦班（代表着新的开始）

可然班（可爱又自然）

飞翼班（象征着班级的腾飞，并且谐音"非一般"）

遨翔班（给每个孩子一片遨翔的天空）

忆童班（让每个孩子的童年都成为人生记忆的珍珠）

忆静班（太阳每天都是新的，我们每天都在进取）

飞跃班（励精图治，开拓进取，超越刘翔，九班做起）

从"莲缀"到"飞跃"八个班名以及括号里的解释均出自一个女孩之手，我给出的评价是：特别有诚意，特别有见解，特别有想法，最终未必能入选，但这种思考让我感动与欣慰！

永久的希望（用偏正短语做班名，少了气势）

万年老班（咱们难不成要做丁春秋，抑或是东方不败？）

哎哟不错班（在撒娇吗？）

朝夕班：希望我们班的同学争朝夺夕，珍惜每一分每一秒（这个寓意不错，确实该争朝夕了，因为他们浪费得够多了，只是，只是，从字面上看会不会有些老气横秋？）

飞黄腾达（我们的班级是老君山的升官发财殿吗？）

一心学习（想法没错，但只学习的生活会不会有些单调呢？）

终极九班（已经有终极一班，再搞个终极九班，有抄袭复制之嫌）

和尚庙（二十二个美女学生，四个美女教师，还和尚庙？说得过去吗？）

紫韵班（很有诗韵，只是，意蕴何在呢？）

奇迹班（我们需要创造什么样的奇迹呢？）

合起班（有这样的文字组合吗？啥意思呢？偶不懂啊）

逆流而上（嗯，很霸气的成语，不过，我们的学习生活不用这么悲壮吧？）

虎翼班（力量确实很强大，只是，他们是一群虎吗？我怎么看，都好像是一群小绵羊啊）

汪涵班（这是汪涵的脑残粉吧，哈哈）

天天向上（喜欢天天向上的节目啊，但愿你能天天向上）

星翼家族（还是有点创新思想吧，何必用网上都已经用烂了的名字呢？）

筑梦扬帆（嗯，字面上很美，也很有意蕴，只是，以一个什么样的文化背景做依托呢？）

麻辣烫（别吓着我啊，暑假回老家吃出来痘花现在还没谢呢，又来麻辣烫诱惑我了？）

万年倒数（真是想把牢底坐穿啊）

暗香阁（这个名字出现在大观园里比较合适吧？）

幽亭苑（是不是我爱胡思乱想呀，怎么感觉有些幽怨的气息呢？）

青春苑（青春还是很铿锵的，只是这个"苑"，是不是矫情了点？）

前进不止（前进是肯定，不过累了还是要止一下，不然，累晕了咋办？）

舒心阁（糟了，我一看到它就想起了吃酥心糖的情境，我嘴巴就有些馋了）

站在语文老师的角度来评论：给班级取个名字，不说文字一定要美，最起码意蕴要大气吧。站在一个班主任的角度来说，名字体现出来的内部精神要积极吧，同时还应该体现班级的成长理念，以及班级的核心价值观和愿景吧。

其实看到这些班名，读者诸君就应该猜得到我的学生缺什么了。只是，这能怪孩子么？教育是慢的艺术，文化的打造则是慢上加慢的艺术。

课上给孩子们宣读了这些班名，结果搞到他们自己都觉得好笑。等他们笑完，我说："我有个想法，咱们可以将'莲缀班'的'莲'抽出来，再将'紫韵班'里的'韵'抽出来，合成'莲韵九班'，怎么样？"我话音一落，李正权就反驳："我不同意。"我闻言心中暗喜，心想：终于有反对的声音了，这就说明，孩子们的民主意识并没有被泯灭掉。于是柔声说："好，可以不同意，不过，可否听我分析一下，然后再做判断，怎么样？"孩子们都说好。

我说："大家都学过《爱莲说》吧？"

孩子们齐声回答："是。"

"知道莲的品质吗？"我问，然后又说，"请用文中句子来回答。"

"出淤泥而不染，濯清涟而不妖。"孩子们齐声背了出来。

"对啊，对莲来说，不管环境多么恶劣，都不同流合污，抗击干扰，抵制诱惑的能力相当强。"我说。孩子们均点头赞同。

我继续说："作为00后的你们，虽然生活在一个物质条件极其优越的环境里，却遭到了你们父辈们没有的各种诱惑，说句真心话，确实不容易啊。面对手机、网络，以及各种物质的诱惑，就好比要一个饥饿的人盯着一碗香喷喷的大米饭却不准吃一样，这对人性的考验实在是太大了。那么，我们可不可以把我们的班级主打文化做成'莲文化'，把抵制诱惑，提升自控力作为我们的班级成长理念呢？"

对于我的分析，孩子们都表示赞同，差不多就认同我建议的班名了。

不过，既然之前有反对的声音，那我就要成全这种声音。因为在我看来，这种声音很珍贵。

于是，我对孩子们说："咱们先别急着定下来，我给大家三天时间，好好琢磨一下，有其他想法的话，一定要来找我，我是高度重视有价值的想法的，如果这三天大家都想不到更好的班名，再采纳我的建议，怎样？"孩子们都表示赞同，尤其是当初说不同意的那个孩子，点头好比鸡啄米。

三天之后，我问李正权想好班名没，他摸摸自己的后脑勺，歉意地说："实在想不出更好的班名来，可否再给两天时间？"我欣然应允。两天又过去了，李正权以及其他孩子都说："老师，经过商量，大家还是认同老师的解释更适合我们班级目前的现状，所以就叫'莲韵九班'吧！"我微笑颔首，大声问："我们是什么班？""莲韵九班！"全班孩子异口同声！自此，永远的"莲韵九班"横空出世了！

艾岚心语 ▼

有人可能会说，不就一个班名嘛，何必要劳师动众呢？这可不是小事情啊，孩子们取班名，不管取得怎么样，他都在参与班级的建设，有参与就会投入时间和精力，就会付出，就会爱。还有，我为何不在孩子们都表示赞同的情况下快刀斩乱麻做出决定呢？如果我当机立断决定了，其实还是代表我个人的意见，孩子们还是被动的，可是我给了孩子们三天时间的酝酿，不管最终结果怎样，孩子们在酝酿的过程中，对班级的认识又会更深一层。

班级文化不是写出来的，也不是说出来的，更不是花一时半会儿复制粘贴出来的，而是一步步慢慢做出来的。只有在做的过程中，孩子们的心灵才会得到滋养，灵魂才会得到陶冶，他们的精神世界才会成长！

孩子给自己贴了负面标签怎么办？

跟孩子们相处了三天。客观地说，孩子们课上课下的表现还是很好的，对我也是深表接纳并且极其真诚和尊敬，但缺少我想要的积极、主动、克制以及善解。即便我是个旁观者，我也觉得孩子们的表现是不正常的——使劲地给自己贴负面标签！

比如有孩子在信息表上写着：我就是一个学渣而已，没什么好说的。还有孩子写着：我就是个不学习的小孩。很多孩子还大大方方地告诉我，他很懒，什么也不想留下！

总之，"学渣、不学习、贪玩、懒"等字眼反复出现在那张小小的信息表上。

孩子们传递出来的这些信息，说实话，让我很忧心。我要怎样才能唤醒他们，进而帮助他们去掉这些负面标签呢？

9月2号下午放学，我把班上的男孩全部留下。从男孩与女孩的区别，男孩成长中的各种不容易，以及男孩的成长季节不容错过，男孩如何在初三逆袭，甚至把我的儿子、儿子的爸爸都搬出来现身说法了。有没有震撼作用？有！有好几个男孩眼泪都流出来了。开会完毕，好多男孩围着我不想离开，向我问这问那。

3号下午放学，我又把女孩留下来，专门给她们做了个小讲座——"做个有智慧的女孩"。讲座结束，女孩们简直是如饮佳酿，个个欢欣鼓舞，还说遇到我这个班主任她们赚到了。

关键是，这些深刻说教的力量能持续多久？

心灵鸡汤固然能滋养孩子们的心灵，但真正的学习不是鸡汤，是需要时间、良方、毅力、坚持来完成的。所以说，喝下鸡汤之后，趁鸡汤的营养还没消失，就要立即让孩子们认真做事，只有把一件件小事做好，孩子们才会有成就感，才会认识自己，激励自己，然后遇上最好的自己。

所以，当我把班干团队组建好，还没来得及好好培训，我就着手建立了劳动小组。打破了以前一个小组负责一周的惯例，而是一个小组负责一天，采取"定时、定位、定人"的做法，也就是说，如果某同学在周一早晨负责走廊上的栏杆擦拭，那么他就一直是周一这个时间负责走廊栏杆的擦拭，直到毕业。换言之，负责窗户擦拭的孩子，也是固定时间固定位置的，这样一来，责任人就不容易忘记自己的责任，并且便于监督落实。

小组是很容易建立起来的，可是谁来负责呢？我已经在班上表明我的班级管理理念：把班级还给大家，人人有位置，人人有事做！并且已经抛出了50多个岗位等待大家竞聘。

孩子们听着很是动心，但真要动起来，就显得被动了，热议一阵之后就缩一边去。这个时候怎么办？既然孩子们都已经给自己贴上了负面的标签，那么班主任主动出击帮忙给他们揭掉不就得了。具体怎么操作呢？

找来五个比较适合做劳动组长的男孩，先不说要让他们做组长，笑嘻嘻地绕个弯子问他们："我问你们哈，在这个班级里待了两年，扪心自问，爱不爱这个班级？"

五个孩子面面相觑，抿嘴笑着，就是不开口。我笑着说："说实话，没关系，我不介意，怎么说都可以。"有两个孩子说没感觉，问其他三个孩子怎么想，嗫嚅一阵之后说，谈不上爱，跟他们差不多，就没啥感觉。

听到这里，很多老师可能会大吃一惊，孩子们怎么会不爱自己的班级呢？这是为什么呢？其实这一点都不奇怪。不爱自己班级的孩子多得很，只是老师不知道而已。为什么孩子不爱自己的班级？

我觉得问这个问题之前，先问我们自己一个问题：你爱自己的家吗？如果说爱，那么接着问：你为什么爱呢？通常的回答是：家是我们疲惫之后休息的港湾，家给我们温暖，家让我们有安全感，家能让我们感觉到爱，家能让我们力量倍增，家给我们前进的动力……答案简直是五花八门，多不胜数。但不管有多少，一定有一个共同点，那就是我们之所以热爱家，是因为家给了我们渴望得到的东西！

一个班级就好比一个家，如果这个家给了孩子们渴望得到的东西，他们会不爱吗？还有，如果让孩子们亲自来打造这个家，来经营这个家，让他们为这个家付出自己的精力与心血，他会不爱吗？就如一对夫妻，白手起家，一个碗、一双筷子地攒起来，最后把家建设得富裕、和美，这对夫妻舍得抛弃这个家吗？

不用责备孩子不爱自己的班级，也不用责备孩子自暴自弃给自己贴上负面的标签，那是因为，他们的灵魂很干燥，他们的精神没有成长，老师们能做的，就是创造各种机会去引爆孩子生命中的成长点，让他们找到自己存在的意义。

于是我给孩子们分析了为何感觉不到自己对班级的爱？那是因为没有参与班级的建设，没有为班级做事，长期把自己边缘化了，成了班级的旁观者，所以就觉得自己是游离在班级之外的。要改变这种状况，目前比较好的办法就是谋求一个岗位，为班级做点实事，找到自己的存在感，同时也找回自己的成就感，这样就会对班级产生热爱了。还有，大家每天早晨一到班就会看见我在教室里外做这做那，这是为什么？我虽然调侃我自己是勤杂工，但我并非是在打杂，我只是想亲手做一些事，让我跟这个班级融在一起，与班级一起成长。然后，我才会真正去爱这个班级，因为我付出了，我努力了，不论好坏，都有我的心血与汗水在里面。

五个孩子听得不停点头。我趁势说："据我分析，你们五个人很适合做劳动组长，每个人领几个人去，组成一个团队，好好带，一定有长进。"五个孩子马上反对，纷纷说，我不行，我不会。我笑着说："没有人生下来就行的，也没有人一生下来就会的，每个人从不行到行，由不会到会，都是需要学习的。不会，我教你们，怎么样？没有信心的话，我在背后做你们的坚强后盾怎么样？"五个孩子听我这样一说，有些迟疑，犹豫不决地沉吟着。

我拍着他们的肩膀，再比划下我跟他们的身高，柔声说："看看，你们个个都比我高了，就跟我孩子一样，说实话，我孩子以前也是什么都不会，总爱否定自己。现在啊，他可自信了。"我话一说完，几个孩子就表示愿意做劳动组长了。我说："我现在是用你们的名字来给小组命名的，比如梓坤组、文浩组、毓强组、志韬组、嘉豪组。当然，你们不满意也可以重新命名，不过我建议小组名里一定要有个字是你们自己名字里的字,比如李文浩的小组还可以命名为'浩然正气组',黄嘉豪的小组可以命名为'豪气冲天组',如此,这个小组就属于你了,你就有一定的权威性,带起来就更顺手。"

他们会做得怎么样?不得而知!至少,他们愿意做了,愿意撕破自己的负面标签了,这就是胜利,其余,一步步来。坚持不是一句话,不仅仅是老师对孩子的要求,更应该是对老师的要求,老师要坚持不懈地信任学生,帮助学生!

其实,我在这里还特别想说一句话:如果你想让你的学生热爱自己的班级,你就让他们做事吧!如果你想培养你学生的自信心与责任感,你就和学生一起没事找事吧。还有,如果你的学生满身的负能量,自己给自己贴了不少的负面标签,还是让他们做事吧,从力所能及的事开始做起!

艾岚心语▼

所谓"做事之中成人,成人之中做事",培养一个孩子的责任感,就是让他做事。当孩子愿意做事时,再教给孩子做事的方法,能把事情做好,孩子的成就感就出来了,人也就变得自信了,负面标签就自动脱落了。让孩子做事,教师首先就要做事。教师不把自己变成学生的榜样,不把自己编成一本供学生学习的好教材,所有的说教都是苍白无力的。撕掉孩子的负面标签,除了让他们通过做事找到成就感,培养自信心之外,老师自己也必须要为自己贴一张正面的标签。比如脾气温和,利于师生关系的和谐。心态阳光,时时为孩子们传递积极上进的信息。积极进取,热爱学习,让孩子们亲眼看看,自己的老师就是靠知识改变了命运,并且活得相当有质量。教育的核心就是唤醒、点燃、激扬孩子的生命,因此,教师只有把自己的生命激活,才能激扬孩子的生命。

不合理比较就是暴力

上午,我的语文连堂课,我对孩子们说:"我们全体班主任28号,也就是下周一,要去武汉学习六天,所以,我必须在去武汉之前上完《出师表》。"

我这边话刚说完,孩子们马上就问:"你走了,10班的班主任也走了,我们就群龙无首了,我们真可怜啊,谁来管我们?"我回答:"你们以前的班主任啊,她这几天陪着你们。"我话声刚落,有些孩子就"嗤"的一声出来了,一脸的不屑。

我立马说:"我不爱听到这种声音,也不爱看到这种表情,充满暴力!"

有孩子不解:"有暴力吗?又没骂又没打。"

我说:"我有拿你们跟我以前的学生比吗?"孩子们摇头。"我有在班上把各位拿来互相比较吗?"孩子们继续摇头。"那为什么我没有进行比较呢?"我问。孩子们接口反问:"为什么?""各位的父母是一样的吗?各位的基因是一样的吗?各位的成长背景是一样的吗?各位所居住的地理人文环境是一样的吗?各位的智力能力以及情商等是一样的吗?"孩子们虽然不知所以,但都能判断我的问句,不断地摇头。"对了,每个人都是独一无二的个体,不在同一个点上,有什么可比性呢?如果你硬要拿来比的话,这就叫不合理比较,是一种暴力!就像你的妈妈总爱拿邻居家小孩跟你比,所以每个小孩都有一个……"我的话还没有说完,就被全班孩子抢去了,他们异口同声,甚至是同仇敌忾地吼道:"敌人!"

"对了,你们都知道,父母拿你与邻居家孩子进行不合理的比较,你都觉得怨恨难平，那为何你们要对你们的老师进行这种不合理的比较呢？我明里暗里都听到或者看到你们在把钟老师与钱老师进行比较，这有可比性吗？钟老师是学中文的，钱老师是学数学的，还有，我这么大把年纪了，经历和经验相当丰富，而钱老师很年轻，她的职业之路才刚起步，她和我在一个点上吗？这样的比较，对钱老师公平吗？我明确告诉你们，我听到这样的比较很心寒！钱老师陪伴你们一路走来，风雨兼程，多么不容易。明知道钟老师接手了这个班级的班主任，明知道要被你们比较，甚至要被比下去，但她仍然鼓起勇气守着你们，难道你们就看不到钱老师生命中闪烁出来的缤纷色彩？"我的话引起了多数孩子的共鸣，尤其是朱雅婷，不断地点头，口中发出"嗯嗯"的声音赞同我的观点。

"还有，我也不希望你们拿以前的语文老师跟我比较，这对她不公平，对我也不公平，你们应该看到不同风格的老师的优点，应该学会适应不同风格老师的教学。每个生命，都是独特的，都是精彩的，你只有走进了这个生命，你看到了，你感受到了，甚至你与这个生命有了深刻的交集，你才有发言权！"我继续说，大有收不住话头的意思。

我为什么要对孩子们大发议论？因为我实在是看不下去了。我们的孩子，从小就生活在一个不合理比较的环境里，所以他们既痛恨别人把他们拿来不合理比较，但他们又时时刻刻在进行不合理的比较。所以，我要告诉他们，这种不合理比较就是一种暴力，就是一种伤害！我无法阻止那些成年人进行不合理比较，但我最起码可以引导孩子形成正确比较的思维模式。

很多人认为比较可以促使那些不够优秀的孩子更加努力。其实错了，不合理的比较，所谓不够优秀的孩子会越比越没信心，越比越沉沦，而那些所谓优秀的孩子，也因为不断地被拿来比较，渐渐地成了他人心中的敌人，不仅不会提高其成绩，相反还会因为人际关系恶化造成严重的心理压力。那么老师也一样，每个老师的性格不一样，行事风格也有差异，硬生生拿来比较，双方都会受伤！

这样说来，好像我很反对比较似的。其实我并不反对比较，合适合理合情的比较，确实是可以起到促进作用的。孩子们问我，怎样的比较才没暴力？我说："物的比较，可以横比，比如要比一块布的颜色差异，只要是同一口染锅，并且是在同一个时间单位出来的，就可以比较颜色的深浅，根据事先制定的标准，谁不合格就淘汰谁。而人的比较，则是自己跟自己比，拿今天的自己跟昨天的自己比较，进步了，当然好，没进步，继续努力。就这么简单！OK！"

孩子们都默默地低下了头，我知道，我的话深深地打动了他们。事实上，从此以后，孩子们确实很少比较了，他们之前对钱老师的误解也逐渐消除，对钱老师多了几分理解和喜爱。

艾岚心语▼

我接手莲韵九班的班主任后，钱老师（孩子们的第三任班主任）仍然带着莲韵九班的数学课，这对她来说，真的是好委屈。如果我默认孩子们的这种不公平比较，钱老师必定很受伤，而孩子们也会形成粗暴的价值观。再说了，作为中年教师，必须要有保护年轻教师职业心理的生命自觉！毕竟，唯有教育，才能使人的生命变得更加美好！而教育，是需要有活力的教师来实施的。爱孩子，就要爱教育，爱教育就要爱护身边的每个老师！还有，作为接班的班主任，必须要具备基本的职业底线，那就是不随意评价前任班主任的所作所为，尤其不可以明里暗里说前任班主任的坏话。就算学生对前任班主任有诸多吐槽，也不可以附和学生一起败坏前任班主任。因为，对学生来说，班主任就是他们学习做人做事的移动教材。

在学习这条打怪升级的路上,你是哪个级别?

莲韵九班有个男孩很傲娇地跟我说:"我就一个学屌而已,没什么好说的。"

我更加傲娇地答道:"很抱歉,我读书那会儿就是一个学霸而已,惭愧,一不小心提了当年勇。"

之后,那男孩课上课下都有各种接茬,似乎特意告诉我,他很聪明,只是不学而已,一旦认真学了,那就无人能及!

这样的孩子,我碰到多了,尤其是男孩。嘴巴很硬,内心爆弱,完全禁不起折腾。

对这样的孩子,当面打击自然是不合适的,因为他们不是那种越挫越勇的孩子。他们顶嘴也好,耍宝也罢,无非都是为了求关注,求肯定。他们之所以有这样的需求,实则是内心没底,也没自信。所以,当这样的孩子接茬捣乱的时候,除非涉及错误价值观,我才会阻止,其余,我都天衣无缝地配合他们的接茬,让他们在同学面前挣足面子,风光无限,得意洋洋。接下来,我就赶紧做功课,以一种他懂我也懂的方式告诉他:你的那点小心眼,我全都明白,之所以不揭破你,是因为我在乎你的感受!通常情况下,这招都很管用。因为这个孩子突然发现,他们之前所做种种,真相都被老师看得一清二楚,再搞下去就乏味了。

回头说那个傲娇小男孩。我既呵护着他的自尊心,也满足着他的虚荣心,但同时,我也不着痕迹地暗示他:你在哪个层面,老师都知道,不要再秀了。那么我怎么做的呢?我在莲韵九班的专属QQ空间里挂出如下一个帖子,题目是:在学习这条升级打怪的路上,你达到了哪个级别?并且特别注明:欢迎对号入座。帖子内容如下——

1. 学魔:对学习走火入魔,癫狂状态,不做题会死掉。
2. 学霸:隐匿在人间有头脑的高智商人物,社交范围广泛,融合契合度高,琴棋书画样样精通,高端大气上档次。
3. 学神(学帝、学仙、学圣):高大帅气,青春靓丽,不食人间烟火,天天游走在高难度的练习册当中却依然风华正茂。
4. 学酥:介于学霸和学渣之间的存在,表面看起来像学霸,其实一碰都是渣渣。
5. 学屌:成天看起来在好好学习,私下却是屌丝的人。他们知道学习的重要却很讨厌,他们都来自于天赋的熏陶,徘徊在学霸和学渣中。
6. 学痞:他们上课睡觉,下课玩闹,但他们的成绩仍然很好。
7. 学民:智商均衡,膜拜学霸,却瞧不起学渣等人物。他们只有一个信念,总有一天超越学霸,因此艰苦奋斗。
8. 学弱:他们因为没日没夜地熬油点灯,已经身体虚弱,不堪重负。
9. 学渣(学灰):智商处于半疯癫状态,兢兢业业,刻苦学习,却总是不得志。
10. 学残:智商处于全疯癫状态。他们已经被学习折磨得痛苦不堪,没有人样。
11. 学沫:智商不够用,却也不是很努力,每天在混着日子。总是觉得能够不劳而获。
12. 学水:已经不能用智商与努力来评判他们了,他们已经自甘堕落,自暴自弃好多年。
13. 学癌:又称高度学渣综合症。多发病于期末。通常认为是由懒细胞扩散导致的。易传染。临床表现为狂躁、焦虑、多眠、赖床症、手机依赖症加剧。严重者只要见到书本便会头痛困倦恶心干呕,并伴随一定程度的"裸考也会过"的妄想。

综上所述，再根据那个男孩上个学期的期末成绩看，他连"学屌"的边都摸不到，甚至连"学渣"都算不上！为啥呢？我们来看他的各科成绩和总分排名。语文、数学、英语、物理（总分60）、历史（总分30分）五门学科，总分才190多分，年级名次300名（年级参考人数495）。除了语文61分勉强及格外，其余都不及格！成绩相当的不好，理想相当的高（有天冒泡说，啥都不想考，就想考清华），却又不愿付出努力！按照上述解释对号入座的话，他应该在哪个级别？以我对他的观察、了解，以及对他听课状态的评估和学科成绩的分析，他充其量就是一个"学沫"而已。用我的话说，就是学习上的一个泡沫，随时都会灰飞烟灭。他的心理发展水平也偏低，说白了，他就是一个充满全能自恋的巨婴。对于这种巨婴，说道理没用，生气发火没用，唯一能够帮他的，就是真心爱他，看见他生命体中的亮色。

事实上，我在分析这个傲娇男孩的成绩时，顺带把莲韵九班上个学期的期末成绩也做了全面的分析。不分析还觉得形势一片大好，等我把分析结果做出来，真把我给吓着了。我倒不是担心中考出不了成绩，说实话，到我这个年龄以及我所秉持的教育理念，我把那个成绩看得很淡，我是真担心孩子们没有书读。十四五岁的孩子，不读书做什么？在深圳这个地方，这些孩子不接受高等教育，要发展那是相当的困难！现在是什么时代了？PC时代已经过时了！现在是"互联网+"时代了！没有受过高等教育，没有创新思想，没有敏锐的市场触觉，根本打不通人生的市场！

平心而论，在这一个月时间里，莲韵九班的孩子在纪律、卫生、人际关系，以及听课状态等各方面都表现得可圈可点。即便有些方面做得不到位，我稍加提醒就会尽力去做好。虽然只有短短的一个月，他们的变化还是很大的，尤其让我感到欣慰的是，每个孩子的心门都是向我敞开的！可以这么说，这是我当"后娘"最让我开心和感动的一个班级。

这么好的孩子，成绩竟然烂得一塌糊涂！多可惜啊，多让人痛心啊！惋惜也好，痛心也罢，这些情绪都不能解决问题，我现在要做的，就是面对现实，想办法帮能够逆袭的孩子逆袭，不能逆袭的孩子最起码也要帮他们打磨一颗上进心。附分析结果如下——

初一分班形式：平行分班，10个班的成绩基本平衡，从分数上来讲，无所谓高低好差，存在差异的只是班级学生的性格以及小学的基础而已。

年级参考人数：495人。

莲韵九班参考人数：47人。

莲韵九班综合评估名次：年级第9名。

莲韵九班进年级前50名：5人。

年级300名以后：莲韵九班占24人。

年级400名以后：莲韵九班占10人。

还有两个是年级倒数10名以内的孩子。

莲韵九班整体成绩不好，还有一个很大的原因就是中等生特别少。应该说，初二两级分化时，师生都没有把好这个关，才导致中等生沦陷。

我第一次走进莲韵九班的时候，我的职业敏感就告诉我，这个班里的男孩，心明眼亮的孩子只有三四个。对照成绩一看，果然没走眼——总共有3个男生进了年级前100名。在年级排名最好（年级24名）的男生阿根，性格变化不定，脾气暴躁，情绪管理能力很差，他自己跟我讲，他的成绩一直在往下掉。

目标最明确、意志最坚定的男孩苏元晟，是年级67名，他的目标是深圳的四大名校。以他目前这个成绩来看，四大名校乃是"水中月，镜中花"。但如果这一年里能逆袭，中考时鹿死谁手也难以定论。

其中有一个是99名，他性格很奇葩，说直接点，就是情商很低。很多时候，他自己都搞不清楚自己在说什么做什么。

另外一个心里有点灯火的男孩，理科思维较弱，理科成绩很不理想，所以排在年级152名。26个男生，只有4个男孩有读书样，可怕吧。这群男孩不能逆袭，那么他们明年将何去何从？

我们再来看各科成绩的表现——

语文成绩：上了80分段的，才3个孩子，均分64.2分，14个不及格。

数学成绩：相比语文悲惨一些，才19个人及格，均分才48.85分，还有两个小孩的数学成绩是个位数。我以前读书的时候，总是因为数学成绩不好而自卑，可我的数学也要考90分左右啊。现在的孩子，数学对他们来说，真的很难吗？不动脑子，懒惰才是真的。

英语成绩：20个及格，均分52.77分，80分段比语文学科乐观一点，有7个孩子。

物理成绩：物理总分60分，班级均分35.13分，低于40分的孩子高达37人。

历史成绩：历史总分30分，低于20分的有29个，还有7个小孩低于10分。

就目前深圳市中考招生情况来看，如果是深圳户口，想要读高中，必须要排在年级前190名左右。非深户的孩子就更难了，想要升高中，必须在年级前80名，就这个名次，还要保证考试的时候是正常发挥才行。

从孩子们自身的成绩，以及他们的户籍情况来看，如果孩子们原地踏步的话，有多少孩子初中毕业有高中可读？保守的预测是：13个孩子能进入高中学习，其余30多个孩子只能选择职业高中。

我一直都认为：教育不能杜撰神话，但教育可以创造奇迹！孩子们的分数在这一年里能不能抓起来一些，肯定能！但是我们也要清醒地看到：你在努力，别人也在努力，甚至更加努力，之前形成的差距，想要在一年内填平，除非这个孩子必须有三个方面处在积极层面，那就是：智力、动机、性格。智力很大一部分是靠遗传的，即便后天可以开发，他们现在也已经错失了开发的时间了。这一块，我无能为力！至于动机，深圳的孩子，最缺的就是读书的动机，因为在他们看来，甚至在他们的父母看来，读书是为了什么？在他们的价值体系里，就是为了让自己生活得很好，可他们现在就生活得很好啊！还有性格方面，纵观这个班级的孩子，红色性格和绿色性格的孩子最多。这两类性格的孩子，红色追求快乐容易颓丧，也容易放弃，非常的情绪化。而绿色性格呢，追求的就是随意而安，所以容易退缩，也很容易屏蔽当下的世界，只想过一天算一天。

这么说来，莲韵九班没救了？所谓"天无绝人之路"，只要师生付出艰苦的努力，进步肯定是有的。不过，我不敢打包票，因为，我面对的是人，不是物！

艾岚心语▼

上文中，我只是对孩子们进行了全方位的分析，并没有出招，但不等于我无招。我始终认为，所有的招数在施展出来之前，都要看清形势，分清利弊，搞清长短，看到优劣，然后再一举出击，击中要害。教育需要理想，但一定要理性实施。我经常会听到一些所谓的名家说自己多厉害，年级倒数第一名的孩子，他一年时间就带成了市级中考状元。或者是接手一个全校最烂的班级，一年时间，就带成了全优班级。所谓的状元，所谓的全优，全都是用分数来评价的。我带班，分数当然也很重视，但我绝不纠结分数。我更看重的是看见孩子们生命体中的亮色，将他的能量激发出来，让他们的生命状态处于一种有爱的、积极的，充满希望的流动状态。只有具备了这样的生命状态的孩子，他的人生才会更精彩，他去到远方的通道才能打开。

第二辑

唤醒是有效教育的前提

如何拨亮孩子的生命之灯？

开学第一天，我就发给每个孩子一张表格，说："如果你希望从我这里得到你想要的理解与关怀，那么，请你认真且真实地将你的信息填进这个表格里。"

几天之后，孩子们陆续把表格交来了，我一张一张地细看，慢慢地将各项信息录入电脑。写到这里，可能有些读者会替我着急：你这太辛苦了吧，你要做一个会偷懒的班主任啊，你完全可以找以前的班主任索要孩子们的各项信息啊。是的，说得没错，我也提倡班主任要学会偷懒，学生能做的事，班主任不要去做，有现成的东西就没必要再另起炉灶了。想我当初没有经验的时候，我一旦接班，就会找前任班主任问得一清二楚。哪个是捣蛋鬼，必须要严防死守；哪个心态阴暗，说话做事都要小心；哪个成绩优异，要另眼相看，多加关爱……总之，我会事前做足功课，然后以一个千年狐妖的姿态出现，两眼闪着精光，先知一样，底气十足地说："我知道你们一个个是啥玩意儿，我警告你们，心眼活络点，嘴巴干净点，不要被我逮住，否则，有你们好果子吃！"装深沉，再加玩威胁，孩子们确实会老实很多，上手也比较快。但我现在对我以前的做法很不屑，以我现在的观点来看，我觉得我以前的做法缺乏教育的诚意。我现在需要的是，在孩子们走进我的世界之前，我要视他们个个都是黄金，哪怕在别人眼里是一堆狗屎，我也要将其看成黄金或者是变成黄金！所以，我不需要提前预习，也不需要提前防守，我要的是，慢慢地走近他们，然后去发现他们的美好或者不美好，美好的，帮助他们更美好，不美好的，竭力帮助他们走向美好！走近、发现、帮助，这是教师这个生命对一群稚嫩的生命的责任与使命，没有任何理由推诿。

还是说表格吧。我把手头的表格信息统计完后，发现少了三个孩子的，去教室问，有两个孩子说填好了，就是忘记交了，一边解释一边把表格交给了我。可是有个叫小宏的小孩却无动于衷，既没有解释，也没有交给我。我问他，他吱吱唔唔说不清楚。可别认为他是个调皮孩子啊，他要真是个调皮孩子的话，早就交来了。依据我多年的接班经验，调皮孩子一旦换了班主任，开始几天是比较装的。不装的，甚至还作弄新班主任的，要么就是以前的班主任太好了，孩子不接受换班主任的事实，所以要给新班主任一个下马威，要么就是这些孩子有品行障碍。据我观察，小宏就像一个路人甲一样坐在教室里，个儿很矮小，身体很瘦弱，表情不喜不悲，声音不粗不细，行动不快不慢，你若不特意去关注他，你根本注意不到他的存在。小小年纪，为何修炼成"得道高僧"的模样？他的内心真的就没有一丝涟漪？他的血液里真的就没有一丝反叛？本该活力四射，较劲较狠的生命，为何却这样有气无力？

怀着这些疑惑，再看着小宏冷淡又不知所措的样子，我拍着他的肩膀柔声说："别急，慢慢填，填好了再交给我。"

第二天，小宏终于拿着他的表格来到办公室，无精打采地站在我旁边，我扭头看他的脸，看不出任何一丝生命的热情。我接过表格，快速地浏览一遍，个人以及家长的基本信息填好了。"点击自我"这个栏目，爱好填的是玩手机，性格无，特长无，喜欢的食物无，崇拜的偶像无，喜欢阅读的书籍无，最后一栏描述自我还是无，喜欢什么样的老师一栏填了"温柔"二字。

这么多年来，我每接手一个班，不论是高中还是初中，都要填这份表格，就算其中有填得马虎粗糙的，最起码孩子对自己的"性格、特长、喜欢的食物、崇拜的偶像"了解得还是很清楚。为何他竟然是一连串的"无"呢？哦，对了，他喜欢"温柔"的老师，于是我柔声问道："爸爸妈妈在家里会对你说，你要好好读书，将来做一个什么样的人之类的话吗？"小宏摇头。我又问："爸爸妈妈带你出去玩，然后指着那些风景对你说，这是什么什么，有多美，多好看吗？"小宏还是摇头。我不死心，再问："爸爸妈妈有跟你读过童话、绘本之类的书吗？"小宏仍然摇头。我心里不仅叹气连连，想不问了，又不死心，于是追根究底："那你爸爸妈妈会克扣你的吃穿吗？我看你这样瘦小，营养不良似的。"这回小宏不再摇头，而是小声说："不想吃。""那你能从你爸爸妈妈那里感受到发自内心的对你的爱吗？"我死缠烂打。小宏深深地吸了口气，但是吐出来的时候却是慢而悠长，如果不是因为我离他距离很近，根本感受不到。他表情木然地摇摇头。

我明白了，小宏生活在一个可令他温饱却不能获得精神成长的家庭里，他的父母只能负责他的吃穿，其余无法给予。

看到这里，读者朋友应该明白了，小宏之所以没有特长，没有理想，没有崇拜的偶像，甚至连食欲都没有，是因为他的生命之灯暗弱无光，他的心田里没有人给他播撒充满希望和光明的种子。他只是一片哀弱的浮萍，任由生命之舟将他放逐。这样的孩子，即便是肉体长大了，精神也将永远矮化！看着小宏的样子，再想想我自己的孩子，两者对比，我真是痛心疾首！

对于小宏，我除了深深的同情和给予及时的帮助，我还能怎样呢？哀叹他没有遇到好的父母吗？于事无补！吐槽他没有遇到好的老师吗？于事无补！再说了，我也未必就是一位真正意义上的好老师（时间才是检验真理的唯一标准）！

想到这些，我仍然柔声对小宏说："没事的，咱不着急。没有特长，咱慢慢去发现。不了解自己的性格，老师今后帮你做性格色彩的分析，让你看清楚自己。没有目标，咱制定一个就是。没有崇拜的偶像，咱找一个敬佩的来崇拜。没有喜欢阅读的书籍，老师给你推荐有趣的好书。不懂得描述自我，也没关系，咱慢慢了解自己，了解自己其实也是一个充满美妙和惊喜的过程。"我一边说，一边观察着小宏，他仍然是淡定自若，无声无息，无事一般，不过我能感受到他的脸上有了一丝生气。

我捏捏小宏的手腕，很瘦很细，身为母亲的那颗柔软之心就泛滥了，眼睛竟然有些潮湿了，鼻子也有些酸涩。我说："从今天开始，咱们着手做四件事，第一件，给自己制定一个目标，这个任务我请苏元晟帮你完成，因为他是一个目标很明确，并且愿意为自己的目标去奋斗的孩子。第二件，给自己培养一个健康的爱好，这个任务我请向往帮你完成，因为他是一个爱好特别广泛的孩子，并且他的各种爱好都充满了激情和正能量。第三件，给自己找一个值得崇拜的偶像来崇拜，这个任务我请朱雅婷来帮你完成，因为她有许多的偶像，我数了数，有8个之多，正是因为雅婷同学有许多偶像激励着她，所以她就越来越优秀。第四件，给自己找几本好书来读，因为只有阅读才能点亮心灯，你才能看到更加丰富的世界，这个任务老师来帮你完成，我推荐你阅读《猫武士》，我收藏有这套丛书，共4部，24本，你把这24本书读完，我百分之百相信，你就是华丽转身的小宏！"

语言有没有魔力？有！但语言里面的真诚才是真正的魔力！我对小宏所说的话，没有华丽词句，也没有高冷道理，我只是袒露一颗真诚的心——我，以及他的同学，都愿意，也都乐意帮助他，绝对不会放弃他！所以，当小宏听到这里的时候，脸上竟然浮出了一丝淡淡的笑意。

在这里，我特别感谢苏元晟、向往、朱雅婷三个孩子。因为当我把这件事情告诉他们时，他们没有半点推辞，非常热心，非常乐意。孩子们的举动，让我看到了希望，也让我增加了信心！

艾岚心语▼

对这种生命处于待机状态的孩子，你想用"置之死地而后生"，还是放弃吧，基本上置之死地就死了。你想温柔以待慢慢等待，估计会等成一块"望夫石"。因为，他们承载不起击打，也领悟不了期待。他们的生命处在沉睡状态，先要唤醒，再可能点燃。那么如何唤醒呢？我个人觉得朋辈相帮是一个较好的办法。这类孩子看起来什么都不在乎的样子，但他们在乎朋友。任何一个孩子都抵抗不了孤独，他们渴望同伴相陪和相助。因此，安排班上那些积极向上、心态阳光、性格大气，充满正能量的孩子走进他们的生命里，才能将他们的生命激活。一旦这些孩子的生命被激活了，教师要点燃他的生命，就容易了。那就是教师要看见这个孩子生命中的每一点变化，要做出及时准确的回应，让孩子真切地感受到老师的爱，孩子心中的坚冰就会慢慢融化，内心的蒙昧就会慢慢被灵气所取代。

心灵鸡汤什么时候喝才有效？

莲韵九班有个小孩长得蛮帅气，心态也阳光，就是走路有些前倾，背显得稍微有些驼。我看见了，就会伸手拍他的背，夸张地说："小刘啊，打直腰板，注意身材，不要以为只有女孩子才讲究身材，男孩子有副好身材也是很占优势的哦。"小刘听我这样一说，立即强迫自己把身板打直，忙不迭地说："好，好，好。"说完就硬挺挺地把身板打直了，整个人就英姿飒爽了。

可是等我转身，他的背又驼了，我又提醒，他又强迫自己打直。如此反复，小刘的背始终显得有些驼。我心里有些黯然，心中不免嘀咕，我如此反复去强化小刘有这样一个缺陷，究竟是在帮他树立自信心呢，还是在帮他培养自卑心？其实我也不知道，我脑子里只有一个念头，小刘要是不驼背，那该多帅气啊！

有天早晨下课，我又看见他背现驼状，赶紧帮他矫正。他被我拨拉得笑了，旁边一孩子就说："老师，你干吗很在意他的身材啊。"我抿嘴一笑，反问："那你说，我该在意他什么呢？"这孩子"嗯嗯"一阵说："老师最在意学生的成绩好不好。"我也故作"嗯嗯"一阵说："我肯定也在意学生的成绩，不过如果硬要我在学生好身材和高分数上二选一的话，我就选学生好身材。"说完，我反问孩子："我说的是什么话？"一个孩子回答说是"假话"，一个孩子回答说是"真话"。我头一甩，装着很酷地说："我说的是人话。"孩子们哈哈笑了起来。

话说到这里就上课了，我只得退出教室。不过这事没完，我担心小刘因此心塞，我更担心小刘因为我反复强化他的身体缺陷而自卑。思来想去，我决定从此以后再也不提小刘的驼背，也不再自作主张地帮他纠正。我要忽略这个事，把聚焦点放在他的优势上，比如他帅气的面庞，比如他阳光的心态，比如他善良的心地。同时，我要为他寻找一位榜样，让他看到这个世界上有许多身材不好的人，通过自身的努力一样光芒万丈！

下午第六节课前有10分钟的准备时间（莲韵九班是拿来做养心课程的），我喜滋滋地跟孩子说："今天中午不做养心课程了，我请你们看视频。"孩子们一听看视频，乐得"耶"一声叫了起来，随即挨窗的同学就赶紧关窗帘了。待孩子们关好窗帘，心情平静下来，我说："咱们先来认识一个人吧。"说完我打出课件——

崔万志，出生于1976年，安徽合肥人，蝶恋品牌服饰CEO、蝶恋商学院院长。因患有小儿麻痹症，造成下肢行动不够利索。

1995年，考上新疆石河子大学经济管理专业，上学期间通过倒卖"随身听"、磁带等赚取生活费。

1999年大学毕业，因身材不够好看，找不到工作的他，第一份工作就是自己创业：在天桥上摆地摊儿，之后也开过书店、网吧。

2001年，崔万志用攒下的钱开了一个网吧，开始接触到"电子商务"。淘宝网上线后，他立即就注册了网店。

2005年初，他的网店"亦心家园"开张。崔万志在网上卖掉的第一个商品，不是自己进的货，而是一个当时很紧俏的6位数QQ号。

2007年，他注册了"蝶恋""尔朴树""亦心家园"三个服装品牌。

2008年，崔万志注册了自己的公司，成功入驻刚开通不久的"淘宝商城"。

2010年被评为阿里巴巴全球网商三十强。他所创立的蝶恋品牌在淘宝上被评为"我最喜爱的女装品牌之一"。

2011年，被评为安徽年度十大新闻人物之一。

2012年3月，做客凤凰卫视《鲁豫有约》，诉说百味人生。

2012年4月，"雀之恋"品牌上线专做中国旗袍，打造中国旗袍文化。

2012年9月，被评为阿里巴巴全球十大网商。

2013年7月，参加CCTV大型公益活动2013中国新生代创业榜样。

2015年4月，做客《超级演说家》崔万志《我为网商代言》残疾掌柜网店一年进账五千万。

2016年1月，参加央视财经频道《创业英雄汇》，带来的"旗袍+"项目获得导师一律通过，并获得了3900万意向融资，创造了节目开播以来的最高纪录。

课件一打出来，就有两个女孩惊呼道："哦，知道他，好像上过演说家节目。"我笑吟吟地接口道："没错，2015年6月13日，他被评为《超级演说家》第三季亚军。现在，我们听他说。"

接下来，我给孩子们播放崔万志的演讲《不抱怨，靠自己》。7分钟左右的演讲，孩子们听得特别认真，我还看见有些孩子在擦拭眼睛。坐在前排的小刘，本来先是不耐烦地趴在桌面上（这个时间，我是允许孩子趴台的），后来抬起了头，再后来竟然听得很专注。还有那个平时很多嘴，很不屑的小汪，竟然也听得很入神。

视频看完，我问孩子们："为什么崔万志没有好身材，甚至连说话都说得不太流利，还荣誉加身呢？"

孩子们踊跃答道——

因为他有实力。

因为他有知识。

因为他不抱怨。

因为他坚持。

因为他努力。

…………

没错，崔万志确实有这些品质，这也是他现在集荣誉、财富于一身的源头活水。

说实话，虽然崔万志的表达比不上主持人那般流利和准确，但确实很打动人。孩子们被崔万志的真情演讲hold住了，好一阵子都没有走出那种被震撼的状态。我说："一个人，不论是男人还是女人，有好身材当然会更自信一点，但就算没有好身材,只要有实力和人格魅力,仍然光芒万丈!崔万志是,雷庆瑶是,澳大利亚的尼克·胡哲也是……各位身材又好,加上不懈的努力,就会变成红太阳,照到哪里哪里亮。"

孩子们被我说得气势熊熊,大有光芒就要万丈的样子。我笑嘻嘻地说:"明天要月考,咱们拿出语文书,开始复习吧,不然哪里去找光芒呢?"

孩子们听从指令,快速拿出语文书,随着我的提示,认真复习起来。

作为成年人,并且还是资深的成年人,我很反感读成功学,也很反感喝心灵鸡汤。但是,作为孩子,尤其是心灵干涸的孩子,心思敏感的孩子,心性脆弱的孩子,还是需要喝心灵鸡汤的。只是,什么情况下喝?喝什么?喝了之后老师如何帮助他们消化?这是为师者需要根据实际情况设置合情合理的情境的。

艾岚心语▼

教育不是制造业,无可复制!你看到我的方法管用了,拿去一用,未必有用。为什么呢?学生不同,教师的性格也不同,师生关系如何也需要考量。因此,学习他人,学的是理念,学的是其中的精气神,学的是执行力。具体怎么做,则要根据自己学生的实际需求来设计。教育契机,只有教育敏感度高的老师才容易抓住。而教育敏感度,除了天赋之外,那就是立足实践,通过"观察、摸索、梳理、总结"来形成。比如文中的小刘,他是一个红色性格的孩子,平时很欢乐,也总是走在追求欢乐的道路上,但同时他又是一个特别情绪化,特别容易沮丧的孩子。对这类孩子,比较管用的方法是:先不经意给他拉个小伤口,然后来个隆重大抢救。什么意思?就是先小小地挫他一下,等他情绪低落了,内心沮丧了,再给他熬煮一碗热喷喷的鸡汤,趁机给他灌下去,他四肢百骸就都舒服了,立马从面目无光变成目射精光!我为何可以拿捏住这个分寸?就是因为我用上述方法练出了教育的敏感度。

所有的结果都跟你的生命状态有关

早上进教室（7点10分左右），很多孩子在教室里无所事事（学校安排的早读时间是7点20）：有的围在一起唧唧哇哇，有的默坐一旁发呆走神。虽说早读时间还没到，但作为毕业班的孩子，来到教室不能及时进入状态，这绝不能说是喜人的大好形势。因此我心里很生气，气他们的成绩明明结果已经很不好了，还不调整自己的生命状态！

昨天面对成绩时一个个垂头丧气，睡了一个晚上，今天又全部复原了。然后，懒散依旧，再然后，垂头丧气，再懒散，如此循环，到中考，会有什么好结果？

尽管我为孩子们着急，尽管我百般看不惯孩子的懒散被动，但我不可能强迫他们成长啊！我也不可能控制他们的心神，让他们听命于我啊！

我带意搏班的时候，有个叫"凤哥"的女孩跟我说，你永远无法改变意搏班的小孩，你只能去唤醒他们。我听从了她的规劝，不再试图改变孩子，而是想办法去唤醒。后来她告诉我，她受到了我的影响，找回了自己。毕业后，她还告诉我，尽管我只带了意搏班一年半，但意搏的孩子几乎都受到了我的影响，所以他们会一辈子记得我，感恩我。

一个小孩，竟然把教育的真谛看穿了。

那么莲韵九班，有没有受到了我的影响，从而努力去寻找"最好的自己"的小孩呢？

这个答案目前似乎难以找到。我希望毕业的时候，莲韵九班的孩子能告诉我，我影响了他们，让他们在最后一年找到了最好的自己。

想到这里，我不再生气。孩子的生命状态本就不好，我再生气有什么用呢？自己徒增烦恼不说，还把不良情绪传递了孩子们。

于是转脸一笑，说："算起来，我带大家也有一个半月了，我想问问你们，你们觉得我的生命状态如何？"下面是孩子们对我的生命状态作出的描述——

健康、精力充沛、勤奋、积极、阳光、开朗、活泼、乐观、顽强、较真、给人感觉从来不累、有活力、优雅、热情、充满正能量、精神很饱满、面对生活很积极、说话总是铿锵有力、努力进取、火山性格、春风脾气……

没有一个孩子认为我的生命状态是消极负面的。

还有孩子对我的品格进行了评价，说我善良，做事有底线。

他们还说到我的表达很幽默，有很多潮语，能跟学生打成一片。

唯有一个小孩指出，说感觉我在倾听他人讲话时有些勉强，希望我能为了自己更好的生命价值做一些调整。孩子的感觉没错，我确实有些急躁。这一点，我要调整自己。为了孩子们，我会不遗余力去完善自己！正如我为了我的儿子，我会忍痛把我身上很多的坏毛病连根拔除一样。尽管这个孩子并没有针对我的生命状态进行描述，但他指出的问题我确实存在，我笑纳并且付诸行动去改正！

当孩子们纷纷描述了我的生命状态之后，我笑着说："我一个40多岁的人了，还能积极地活着，那么你们呢？"

孩子们有些难堪地低着头。

"请各位记住，你所有的结果，都跟你的生命状态有关！你的生命状态若消极懒散，来到教室无所事事，课堂上两耳屏蔽，作业不是抄袭就是折扣，体育训练不是逃避就是磨洋工……那么我告诉你们，生活回报给你的，必是失败！这样的人，生活不会给你美意，你也不配享有美好的生活！我希望每个同学都拿出行动来，积极地投入到学习中，劳动中，体育训练中，那么，生活一定会赐予你美意，诸如学习进步，身体健康等。"我话语铿锵，春风满面。

孩子们听我讲完，不再闲话，立即进入了语文早读。

我之所以要问孩子们我的生命状态如何，其实也是想通过我的状态去影响他们的状态。希望他们明白，他们的艾岚同学，脑子并不聪明——小学被老师预判为给堂妹提皮鞋的货。入职的时候，被中学老师预判要在乡村学校守一辈子庙子。除此打击外，还被我的堂嫂预言结婚后要被丈夫打得半死，被我妈讽刺今后要盘娘屋（啃老）。但这些预判都没有成为现实，我现在过得很好——财务自由，精神自由！

我为何获得了这些自由？因为我一直把我的生命调整在积极的状态上，从来没有懈怠过。

艾岚心语▼

莫言在某个颁奖晚宴上讲了一句意味深长的话：文学和科学相比，的确没什么用处，但文学最大的用处，也许就是它没有用处。教育也如此，所谓的分数、学历，甚至知识都不是教育的本质，教育的本质是：一棵树摇动另一棵树，一朵云推动另一朵云，一个灵魂唤醒另一个灵魂。简单说，老师只有把自己置于孩子的世界，学会用他们的眼光去看世界，用他们的语言系统去表达这个世界，才能唤醒他们沉睡的灵魂，也才能激活他们心中的无敌战神。

当然，除此之外，教师必须自己要有一个好的生命状态，才能促进学生的生命状态朝向美好。要求学生大量阅读，教师自己不读书，哪有底气对学生做出要求？要求学生一路狂奔，自己却优哉游哉散漫度日，哪有资格要求学生做到？要求学生取得优异的成绩，自己又不好好备课，不钻研教材，不指导学法，你让学生怎么交出满意的答卷？只要做了教师，你本身，就是学生参照的对象，学习的榜样，因此，每个教师都应该把自己变成一本有料、有趣、有温度、有人味、有学识的教材。

好孩子是熏出来的

有天中午放3分钟短视频《鹰的重生》。放完,我说:"这个故事的关键词是蜕变,大家想想,我们该如何蜕变?""变"字刚落,李正权就接口道:"我又不是鹰。"我顿时笑了,说:"你确实不是鹰,不过可以向鹰学习。"李正权"哦"了一声表示恍然大悟。不了解李正权的人,听他说这话,以为他是故意接茬捣乱。事实上,这孩子真还不是故意捣乱。他就是真心实意觉得自己不是鹰。他就是不明白事物之间是可以比喻的。类似李正权这样的孩子,在莲韵九班一抓一大把。比如我说:"不怕狼一样的对手,就怕猪一样的队友。"有孩子就会一脸茫然,满眼迷惑地问:"对手是狼吗?队友是猪吗?"天嘞,我的脑回路都已经被他们气得堵塞了。

孩子,你可以天真,但你不要傻啊。天真连着可爱,傻连着什么呢?你懂的啊!

莲韵九班还有一个孩子,不论你问他事情,还是跟他说话,他答一句,立马就把脸扭一边。即便后面要跟你说两句话,脸也一直扭向一边。我一般都会把他的脸轻轻端正,然后告诉他:"说话的时候看着我,我会更开心。"

我开始以为是他对我不满,我仔细搜索哪里对不住他了。想来想去,这一个多月时间,我在莲韵九班既没有发火,也没有骂人,更没有打人,得罪无从谈起。后来跟他妈妈交流,得知他在家里也是这副德行。不管是跟父母说话,还是跟哥哥聊天,脸都扭向一边。我说:"这样的交流方式肯定是不好的,干吗不纠正呢?"他妈妈无奈地说:"这孩子吧,就是傻,性子古怪,说什么都爱搭不理的,话说得好听点,他笑笑,说得不好听,脸色一下就上来了,拳头捏得咕咕响。"这么说来,我该感谢他在我面前只是把头扭向一边,没有把拳头捏得咕咕响,不然肯定把我吓尿了。

有一天我问他:"小陈,你听说过同理心吗?"他头扭向一边,答道:"没听过。""那你知道换位思考吗?"我再问。"不知道。"他果断回道。他说谎没？天地良心,以我多年的阅人经验,我敢保证他真没说谎！他就是不知道！他从哪里去知道呢？从不读书。从不看电影。从不好好地跟长辈说句话。从不跟女生交往,就算是同性朋友,也少得可怜。他喜欢做的,除了打篮球就是打游戏,然后就是睡大觉,睡醒了,跑班级群里爆几句粗就潜水了,潜一阵子,又出来冒个泡。

班里有孩子评价他就是个傻子,而且是缺少天真的傻。

"又傻又天真"的孩子也好,"只傻不天真"的孩子也罢,其实他们的"傻",并非真的傻。真实的情况就是孩子的内心没有被开发,处于蒙昧状态而已。为什么有那么多的孩子内心蒙昧？教师节那天,我收到一封短笺,是莲韵九班的朱雅婷写给我的,或许从中可以窥知一二。她是学习委员兼我的语文科代表,经她本人授权,短信稍作处理后,公布如下——

亲爱的钟老师:

虽然我们相处的时间不长,我还是觉得有您陪伴我们一起冲向中考的终点线十分幸运。我知道我们班很多人都比较散漫,这是因为从初一开始,直到初二,我们都没有筑起支撑整个班级的精神支柱,自然也就成了一盘散沙。希望您不要放弃我们,亦不要对我们失望,因为我们还是有潜力的,我们是未经雕琢的原玉。发掘这块玉也许十分困难,但那玉的色泽和质量一定不比别的玉差,甚至更好！

在这短短的一年里,希望我们可以相处得更好,以最快的速度调整心态,冲刺中考,给我们的人生增添更亮丽的色彩,给您的心上留下印记！

祝老师节日快乐！

朱雅婷

9月10日

知道了吧，他们是一块块璞玉，没有人去雕琢他们，所以他们浑浑噩噩到今天。

人为何能拥有天真？那是因为未经污染内心单纯。为何傻呢？一般来讲，心智幼嫩，阅读匮乏，缺乏情感和人文精神滋养的孩子看起来就显得傻，就是我们常说的缺乏灵气，内心蒙昧。

既然他们是未经雕琢的原玉才导致的"傻"，那么我该如何雕琢，他们才可以既天真又不傻呢？

1. 开发养心课程滋养学生的心灵。这个课程是音乐课程和励志课程的结合。音乐课程旨在陶冶孩子的性情，润泽孩子的灵魂。励志课程旨在唤醒和点燃孩子，从而激扬孩子的生命。因此，在音乐方面，我特意选了王俊雄的书香音乐系列，课件的背景选了破茧成蝶的美图，文字则配皮克·菲儿《气场》中的10种积极心态。这款为孩子们量身打造的营养大餐确实让孩子们的精神面貌得到了很大改变。

2. 观看励志、启智的短视频。上优酷搜搜，一搜一大把。

3. 听养心、怡情的名人演讲。"超级演说家""开讲啦"等语言类节目，邀请了许多名人做演讲。这些演讲内容既好听，又养心，还励志。课前课后都可以放给孩子们听。比如俞敏洪、马云、林清玄、陈坤等所讲内容，堪称学生成长的教科书。

4. 课前读美文。收集一些800~1200字的哲理美文。每天课前做3分钟的分享。不强求孩子们非听不可，我相信在没有强行要求的分享中，孩子们会记得更多，领悟得更深。

通过这些措施，假以时日，孩子们的灵性就大增了，既能保全他们的天真，又不会看起来傻痴痴的。

艾岚心语▼

班主任的专业核心是什么？教育的终极目的是什么？答案当然没有唯一。我个人比较接受这样的解释：班主任的专业核心就是帮助学生进行精神的成长。教育的终极目的就是帮助学生获得获取幸福生活的能力！理念可谓与时俱进，但如果不落地，不具有实操手法，再好的理念都只能在云端飘动。因此，班主任一定要坚信一个观点：好孩子是熏出来的。怎么熏？熏的过程就必须要有落地的做法。开发课程，每天坚持8分钟，一天熏不好，一周，一周还熏不好，就一个月，一个学期，一定可以撬开孩子的心锁，孩子心中就敞亮了。用视频、名人演讲、美文朗读，通过视觉、听觉、感觉等多种器官的作用，必然在孩子心中开出美丽的花来。

　　一句话，班主任不是去做一个讲理的老师，而是要做一个有创意，有实操的老师。拿出你有效的手段来，而不是满嘴跑火车，道理一箩筐。

怎样扭转"不操心，但伤心"的局面？

最近总有几个家长打电话问我孩子在学校的表现如何？成绩怎么样？高中考不考得上？

我总是耐心地真诚地且不乏赞美地答道："很不错的孩子啊，我很喜欢。至于成绩嘛，慢慢来。高中嘛，尽力考吧，考不上普通高中读职校也一样有出路嘛。"家长听后总是忧伤地叹口气，说："哪里好啊？我就看不出有什么好来。"

"人家都说伴侣都是别人的好，孩子都是自己的好，"我笑嘻嘻地调侃着，"你怎么总说自己的孩子不好呢？不是亲生的嗦？"

我这话一出口，就把家长的话匣子给打开了。

那边家长还没开口就唉声叹气，连叹几声，说："要说呢，孩子从小到大真是不让人操心。小时候，别的小孩哭得汪汪叫，他吧，安安静静坐一边自个儿玩。吃饭吧，也不挑肥拣瘦，有好吃的，多吃点，不好吃，管饱。穿衣呢，也不臭美，不管你买回来什么衣服，他都不嫌弃。从来不跟大人顶嘴，也不跟小朋友闹意见，更不骂人打架，甚至连火都没看到他发过。叫他别出去玩，他就听话地宅在家里大门不出，二门不迈。现在孩子进入青春期了，既不见他叛逆，也不见他臭美，不但不乱花钱，还会把省下来的钱给我买小礼物……"

我听得心生赞叹，忍不住打断家长的话，说："这么好的孩子，你还不满足！难不成你希望自己的孩子长成一个满身缺点，时时惹你生气的人？"

家长嘿嘿一笑，有些自得，说："也不是啦。虽然孩子不让人操心，但是让人伤心呀。"

我纳闷了，反问："怎么惹你伤心呢？"

家长于是大倒苦水，说："就是成绩不好啊。每天早上孩子出门，我都叮嘱孩子一定要听老师的话，要认真听课，要认真写作业。晚上孩子回到家里，我也没出去跳舞打麻将，就陪着孩子写作业，孩子写到多晚，我就陪到多晚。可是，每次考试拿回来的成绩，都要把我气出心脏病，有些学科个位数都考出来了。叫他去补课吧，也不反对，每个周末都按时到补习老师那里去了，钱花了不少，可一点效果都没有啊。"

我安慰道："你也不要着急，学习嘛，确实要讲天赋和基础，也要讲方法，不是努力了就一定有回报的。只要孩子没有放弃学习，就有希望。"安慰完毕我又给家长打气，说："作为家长，你必须义无反顾地相信自己的孩子！这个世界上，如果连孩子的父母都不相信自己的孩子了，你说，这些孩子还会有谁去相信？"

可是家长并没有释怀，反而更加着急地说："成绩不好就算了嘛。但是我看他那个软绵绵的性子，慢腾腾的样子我就着急。现在这个社会，不管是男孩还是女孩，都得面临残酷的竞争。不争不抢，不哭不叫，端手里的饭碗都要被别人抢去。"

听到这里，我几乎没有话来回应了。因为家长讲的也不是完全没有道理。不管理想有多么美好，我们都不能忽略现实本身。

这些所谓的"不操心，但伤心"的孩子，他们内心究竟是怎么想的呢？他们对自己的处境是否思考过呢？他们对未来是否展望过呢？他们是真的享受他们的当下，还是装着在享受当下呢，抑或是退缩不前，让他人误认他们在享受当下呢？据我调查所得，那些所谓"不操心，但伤心"的孩子有两种状态——

一部分孩子本身性格温和，不争不抢，由内到外都喜欢现在的自己。对这类孩子，我个人觉得要尊重孩子天性，建议他们毕业之后学一门过硬的手艺，靠手艺谋生一样可以过上幸福的生活。

一部分孩子确实是因为懒惰、贪玩、怕苦、懦弱，努力不够，缺乏上进心而被动成为现在的自己，对待这类孩子，班主任必须要帮他们扭转局面，具体怎么做呢？

1. 与这些孩子讨论"读书究竟是为了什么"这个话题，将正确的读书观植入孩子心灵。龙应台对她儿子说：孩子，我要求你读书用功，不是因为我要你跟别人比成绩，而是因为，我希望你将来会拥有选择的权利，选择有意义、有时间的工作，而不是被迫谋生。当你的工作在你心中有意义，你就有成就感。当你的工作给你时间，不剥夺你的生活，你就有尊严。成就感和尊严，给你快乐。王小波说：读书就是为了让自己变得更聪明，更有趣！除此之外，读书还可以学会思考，免遭他人给自己洗脑，能摆脱别人对自己的精神奴役。总之，为了今后能让自己活得像个人样，就必须好好读书。

2. 改善孩子的习得性无助行为。那些所谓"不操心，但伤心"的孩子，多半因为长期的失败，或者不合理的比较和评价，导致他们产生了习得性无助的消极心理。对这种心理的孩子，教师和家长都要给予他们看得见的爱，对他们要进行积极的评价，要营造出和谐的师生关系和亲子关系。对这些孩子的爱，不应该有任何附加条件，爱他是因为他是一个人，得到尊重和爱是他们的权利。这些干预策略能帮助孩子重拾信心。

3. 要引导孩子进行正确的归因。比如考试之后，孩子们面对不甚理想的考试成绩，可能会做如下归因：（1）试题太难；（2）我是一个没有能力的人；（3）我还不够努力，方法不当；（4）运气太差。习惯性无助的学生往往会归因为第（2）条，将失败归因为稳定的自身因素。这就要求我们积极引导他们归因为第（3）条，使其明白自己失败的原因，或引导其归因为第（1）条或第（4）条，这样就可以驳斥"我是一个没有能力的人"的归因。当孩子学会了正确的归因，他就没有借口退缩，他就会试着改变自己。

4. 指导孩子把大目标分解成若干小目标。目标太大，实现起来困难，势必会挫伤这些孩子的上进心。因此，老师要指导这些孩子将目标进行分解。比如孩子给自己定语文学科必须考到70分的目标。那老师就要帮助他分析：语文考试总共有多少个考点，每个考点有多少分，每个考点包含哪些知识点，课内还是课外。把知识点理出来之后，再根据知识点的难易度来分解。比如每天记住两个生字的读音，每天背诵并默写一首古诗，每两天做一篇课外阅读练习题。目标分解越细越好，达成一个目标，老师要及时表达赞赏。如此反复，孩子的成就感就滋生出来了。

教育确实不是一件容易的事，但只要我们去做，并且带着专业意识去做，一定会有收获的。事实证明，莲韵九班很多孩子读书的积极性都被调动了起来。

艾岚心语▼

与这些孩子讨论"读书究竟是为了什么"这个话题，很多老师都喜欢用"读书是为了找好工作"来激励孩子读书，但孩子是感性动物，是只看眼前，不看将来的家伙，这种激励毫无作用。也有家长用"你不好好学习，就只能去捡垃圾"来吓唬孩子，事实上，这种"敲簸箕吓麻雀"的威胁如同隔靴搔痒，孩子根本不相信自己会沦落到捡垃圾的地步，甚至他还会振振有词地反驳家长：你这是歧视，捡垃圾也是一种职业，职业是无贵贱之分的。因此，我们在引导孩子讨论这个话题的时候，要上升到精神层面来。深圳的孩子，尤其是深圳本地的原住居民，他们家里都有房有车，甚至有些孩子家里还开着公司。不缺钱花，衣食无忧，环境又好，你让他在物质上改变什么？因此，班主任要做的，就是给他们的心里播种，告诉他们：这个世界还有诗与远方！既然物质丰裕，那就去追求精神的富足吧。

为什么有些人再遇时会比以前更美好？

关于这个问题，很多人跟我探讨过，一直没有满意的答案。有次张文质老师到我学校来做讲座，遇到我，他说："心怀正念，并且又很努力的人，再次相遇的时候，会觉得彼此都很美好，这是一种美好的相遇，值得期待。"那个时候，我觉得张老师的话可以作为上述问题的答案。并且我当时还觉得我很美好，张老师也很美好，因为我们都很努力，也都心怀正念。

那么我们的学生呢？每经过一个假期，师生相遇的时候，是不是彼此都很美好呢？下面就请看看我的孩子们怎么来回答这个问题吧。

开学前，我写了一篇寒假小结，梳理了自己在寒假的所见所闻所做，发现自己收获颇多，整个假期过得特别充实。报名注册那天，由于排队领书的班级实在太多，我们又是九年级九班，所以要等到最后。看孩子们在教室里无所事事，于是给他们读了我的寒假小结，并请他们仿照我的小结模式写一篇寒假小结。

今天，我仔细拜读了孩子们的小结，大致分出了五类，再结合他们平时的表现。突然脑洞大开，答案有了！

1. 吐槽型。此类小结的主人，通篇都在吐槽作业多，红包少，睡不够，假期短。还没玩够，就上学了，最后往往还会来一句抒情加无奈的表态：真不想上学啊！但是，不上不行啊，毕竟要中考了啊！

这类孩子，都是玩心比较重，学习比较靠后的孩子。他们单纯善良，他们喜欢扎堆傻乐，不看成绩，他们个个都让人开心，一看成绩，就要气得你伤心。

2. 懒惰型。这类孩子假期作业没完成，早上睡到日上三竿也不想起床。不做饭，不梳洗，不走亲戚，也不出去玩，整天就宅在家里无所事事。这类孩子往往个性散漫，做事拖拉，多巴胺处在不分泌状态。室内课，你听不到他们侃侃而谈；室外课，你看不到他们虎虎生威。

3. 玩乐型。这类孩子自曝假期疯狂地胡乱地把作业写完了（只是数量上达标了，质量完全不管），然后就各种玩。跟朋友出去逛街（女生）或者骑车玩（男生），宅在家里玩网络游戏，或者是斜躺在沙发上玩手机。总之，就是玩玩玩，不见他们读一本好书，看一部好电影。这类孩子多半是班上那些个头脑简单，四肢也不怎么发达的孩子。说起吃喝玩乐，他们眉飞色舞，说起读书学习，他们垂头丧气。

4. 中庸型。这类孩子占了大多数。虽然也抱怨作业多，但一定要做。虽然也抱怨红包少，但能领几个是几个。虽然不想读书，但碍于中考要考名著，所以还是勉强地读了诸如《格列佛游记》《钢铁是怎样炼成的》。虽然不想出门，但还是迫于父母的压力，出去逛了几圈。总之，他们不喜不惊、不忧不愁、不急不忙、不冷不热，看他们处变不惊的样子，不要以为他们很笃定。其实不然，他们只是缺乏激情，少了主动，他们心有不甘，却又逆来顺受。这些孩子长大后，永远都是那一群不好不坏，鲜有变化的群体。

5. 充电型。这类孩子假期没闲着，不是折腾这，就是瞎搞那，总之，一定要找点有意思的事情来做心里才会满足。那么告诉大家，据我20多年的带班经验，这类孩子，将是再遇时会比以前更加美好的人！不信，我贴出朱雅婷和向往的寒假小结给各位看看，看了你自然服气，有些读者看了我估计还会自惭形秽。

朱雅婷寒假小结

28天的寒假时光就像捧在手心里的沙，看着挺多的，但一下就从指缝溜走了。不过，时间虽少，我的寒假还是有不少事情发生的。

1. 作业终于写完了！今年寒假老师们就像一个个巨型产作业机，布置了一堆作业。完成作业的过程既艰辛又痛苦，做完之后又很开心。

2. 今年寒假看了挺多好电影。《星球大战》系列终于补完了。但让我肾上腺素狂飙的电影还是《急速风流》。这部电影带给我的感触特别深。有一句话我特别喜欢：别把生命中的敌人当作一种诅咒，这也是上天的恩赐！尼基·劳达与詹姆斯·亨特的竞争不仅在赛车上，也在婚姻和任何私人方面。他们不一样的人生，同样精彩。可我更喜欢尼基·劳达的人生。他对车全方位的了解与特别真男人的表现都让我敬佩。他并不像其他赛车手一样不顾生命，他只是将赛车当作一种职业，他懂得对自己人生的保护。还有一部让我心凉的电影是《穿条纹睡衣的男孩》，后来我还看了原著。但电影带给我的视觉冲击让我更加心凉。

3. 今年寒假看完了墨水系列三部曲。这三本书出自一个德国作家之手。那些书与现实的切换让我特别着迷。我还看完了《致命魔术》与《云图》，这两本书让我如痴如醉。可惜《教父》三部曲我没有时间看，还是留着中考之后慢慢看吧。

4. 强烈推荐《云中行走》，最快的两个半小时。

向往的寒假小结

1. 1月22号到28号就把大部分作业写完了，这个期间还看了《蜘蛛侠》三部，和《超凡蜘蛛侠》两部。总体来说，电影质量还算不错，典型的漫威电影，拥有浓厚的英雄主义色彩。

2. 看了丹尼两兄弟的《边缘人暗战》，我用我的节操作为赌注：这部书在一百年后，人们一定会认识到它的价值，从而成为像托尔金《指环王》一样的经典。

3. 回了贵州老家。在老家看了好多好多书。比如渡航的《我的青春恋爱物语果然有问题》整整14本，我全看完了。渡航用轻快的口吻把感人至深的故事情节展现得淋漓尽致，简直是ACG界的神作。还有虚渊玄的科幻大作《心理测量者》以及宫崎骏的动画同名原著《起风了》。《起风了》没有感人至深的故事情节，却表达了对生命的希冀，还用极其温柔的文笔展现了一段凄美的爱情。

4. 2月12号回到深圳，还看了些电影，重点推荐《邮差》和《毕业生》。《邮差》表达了在一个荒芜的世界里，邮差们给散落在各地的人传递了自由和希望。《邮差》是神作，我诚心推荐。还有《毕业生》……该怎么说这部电影呢？算了，总之看完之后我是感到极其震撼的！

好了！总结到这，开学了。充实的生活并不代表只写完作业啊！

再见！

怎么样？服气了吧！像朱雅婷、向往这些孩子，再遇时，你就会发现他们变得比以前更加美好了！因为他们很努力，他们一直在充实自己，从来没把时间浪费在吐槽、玩乐上。

亲爱的孩子们，上面肯定有与你尺码相同的人，请问，你是哪一类呢？可要记得一句名言：物以类聚，人以群分！你想变得更加美好，你想变得更加优秀，那么，请你舍去吐槽，不要懒惰，适当玩乐，突破中庸，抓紧时间去读书，去充电。我相信，当我今后再遇你时，你在我眼里，是无比的美好！

艾岚心语▼

我为何不直接在班上说某某懒惰，某某贪玩，某某没志向，某某浪费时间……关键是，有用吗？一而再再而三地否定孩子，孩子并不接受自己本身存在的问题，相反心里还会产生抵触情绪。我把那些不能变得美好的孩子的行为进行了归类，我没有指出是哪一位孩子，只是欢迎他们对号入座，聪明的孩子一看，就知道自己是属于哪一类情况了，问题就在我的分析中浮现出来了，孩子们要改正自己的问题心中也有数了。接下来，我又晒出两位优秀孩子的小结，孩子们一对比，高下立分。这也相当于给他们提供了学习的范本：你想要和我们再遇时变得美好，那就得向朱雅婷、向往学习！被晒的孩子也很有成就感，被批评孩子的自尊心也得到了保全。这就是一箭双雕的做法，虽然是雕虫小技，但值得运用。

青春，需不需要吃苦？

开学之际，湖北随州二中王桂兰校长的开学讲话《不读书、不吃苦，你要青春干嘛》刷爆朋友圈。我的同事、家长纷纷点赞并转发，我们的校长上周五在初三年级备考会上还说起这篇文章，我们的德育主任也希望各班主任把这篇文章印发给孩子们，甚至我的家长们也纷纷向我推荐这篇文章，请我一定要把这篇文章读给学生听。

同事、领导、家长的好意我心领了。其实，这篇文章一出来，我就关注了。王校长在讲话中所提到很多观点，我很赞同，但有些说法，我觉得作为一个校长，表达得还是欠妥。比如说到孙俪，完全是用金钱来衡量她的成功，或者就是因为她吃了苦，她才有那么多的金钱与她匹配。这个因果关系成立吗？就算在孙俪那里成立，它能推而广之吗？孙俪能有今天，吃苦是一个方面，更主要的是她有天赋，她还有机遇，有各种我们看到或没看到的积极因素。我觉得作为一个校长，应该超越普通老师，应该更有视野和格局，而不是跟某学校高三补课补到腊月28的比，甚至跟某学校高一补课补到腊月29的比。搞清楚哦，去年的腊月29就是除夕了。如果是我的儿子，我都不赞同他去吃这样的苦。难道拼了时间，拼了体力，就有了青春吗？相反，我觉得他们是丧失了青春！他们根本就没有青春！

不过，这篇文章有它的市场，自然有它的道理。原因是什么，大家心知肚明，我不想做分析。既然大家都喜爱这篇文章，我不妨拿节班会课与孩子们来讨论讨论：我们的青春，究竟需不需要吃苦？

首先是请孩子们认真细致地阅读这篇文章（百度一搜，满屏皆是）。接着回答问题——

一、我们的青春需不需要吃苦？

赞同的请高高地举起你的右手！数数，有 37 只手。

不赞同的请高高地举起你的右手！数数，有 4 只手。

全班只有 41 个人（有 6 个孩子读职校去了）。

请赞同的同学陈述你的理由。

马安琪：小学吃了那么多苦，初中不吃就可惜了，再说，我已经体会到吃苦的甜头了（这么说来，马安琪的好成绩是持续不断地吃苦吃出来的）。

张薇：我也觉得小学都在吃苦，现在也应该吃苦，吃苦也是为了有更好的成长（难怪张薇的成绩一直在上升，原来她已经吃透了"吃苦是为了更好的成长"这个理）。

向往：我觉得我要是不吃苦，会辜负我的青春，会让我一无所获，会让我后悔。

那么，不赞同的同学也请说说不赞同的理由呢？

李正权（嗯嗯扭捏了一大阵）：没有理由，就是不想吃苦。

胡晟：我为刚才的决定后悔了，我还是觉得要吃点苦才对。

二、如何理解文中所说的吃苦？

大家议论纷纷，此起彼伏：就是要少睡眠，少休息，或者是不休息，不停地读书和刷题。

对孩子们的回答，我不甚满意，补充道：考试失败了，心情沮丧，硬要擦干眼泪重新再来，算不算吃苦？刷题刷不懂了，难受，硬要忍着难受求助他人弄懂，算不算吃苦？听课就像听天书，尽管心烦气躁，却硬要强迫自己听下去，算不算吃苦？

严格地说，我所理解的吃苦，指的是为了自己的梦想不计时间地付出、努力，甚至是忘我的拼搏。

但是王校长所传递的吃苦，则是为了今后有个好的工作，有更高的收入而不计时间地付出、努力，甚至是忘我的拼搏。

我不认为这种俗世的人生目的是错误的，但我们可不可以把吃苦的意义挖掘得更深一些呢？

三、作为学生，有哪些苦不能承受？

失败了被羞辱，做错了被指责，犯过失了被冤枉，孩子们说。

这么说来，孩子们不能承受的生命之重，并非是时间、体力和脑力的付出，而是心里所受的各种煎熬。

千万别跟我说，折磨孩子的心理就是为了淬炼它，让它变得无坚不摧！俗话说，一把钥匙开一把锁。这个方法对有些孩子或许有用，对很多孩子没有用，比如2016年2月23日晚上因抑郁症而自杀的西安中学的史学奇才林嘉文。他不是苦吃得不够，而是吃多了生命不能承受的苦！

四、你觉得你在吃苦吗？

这个问题让很多孩子脸红了，沉吟了一阵之后，很多孩子自动坦白：想起来应该吃苦，也想吃苦，但一遇到苦就打退堂鼓了。

这就说明，话好说，事难做！这个世界上有太多的人，说话起来都铿锵有力，做起事来都有气无力！孩子如此，成人也是如此！

我经常听到家长抱怨自己孩子不能吃苦，却看到他自己躲在舒适区固步自封。还有不少老师，常常抱怨学生贪生怕死，懒惰无度，可是老师自己呢，叫读一本书，没有时间，叫写一篇文章，懒得写。

我只想告诉孩子们：理想的关键是结果，结果的关键是行动。没有行动，没有日复一日的艰苦行动，你别想有精彩的人生！当然，王思聪除外，问题就在于，他的父亲是王健林，你的父亲呢？

五、是不是吃了苦就一定能成功？

这个问题当然难不住学生，他们找了很多例子来证明吃了苦也不一定成功！事实上，我也看到很多人，一辈子都在吃苦，但一辈子都苦！并非王校长所说的"怕吃苦，苦一辈子，不怕苦，苦一阵子"。有些人，有天赋，不需要吃苦，就可以学得很好，有很好的前程。但大多数人，需要吃很多苦，生活的美意才会赐予他，但也有很多人，吃尽苦头，也没苦尽甘来！

即便如此，我们还是要鼓励孩子敢于吃苦，为什么呢？

因为，人活着成功固然重要，但成长更加重要。既然要成长，必然就会遇到各种痛苦，或者困苦，遇到了，那就坦然面对。甚至，为了更好的成长，即便没有遇到苦，也要自找苦吃！那些不靠爹妈，靠自己也活得很精彩的人，基本上都属于自找苦吃的那一类人！

还有一点很重要，人年轻，吃得起苦，也受得起累。既然有这个能力去承受各种苦，早点承受肯定比晚点承受更得益。

不论是作为母亲，还是作为老师，我都鼓励学生要敢于吃苦。当然，如果你有那个资质和潜力，不用吃苦就能很好地把控自己的人生，好吧，你确实没必要去吃那个苦，毕竟苦不是个好玩意。但是，如果你的资质一般，你又想超越自己，过一种你想要的美好人生，那你非吃苦不可！这个世界上通常是没有天上掉馅饼的事，即便真有，你没有与之相当的实力，馅饼掉下来你能接得住吗？

孩子们，你想无愧于你的今生，那么，义无反顾地去自讨苦吃，咬牙拼一把，不怨不悔，足矣，好吗？当然，还有一点也要谨记，吃有价值的苦，吃可以让你成长的苦，那些毫无价值的，甚至是摧毁身体和精神的苦，不吃更好！

艾岚心语▼

身为班主任，自身必须要有清醒的头脑。对铺天盖地的一些宣传，还有一些疯转的观点，一定要心怀警惕，分析过滤再用。尤其是要与孩子们进行理性的分析，合理的取舍，教会孩子理性思考。为何现在很多大学毕业出来的孩子，进到传销窝后很容易被洗脑呢？因为他们不懂基本常识，不习惯质疑，不善于分析，很容易被狂热的气氛所感染，从而变成无意识的行尸走肉，脑子就被他人轻而易举地洗掉了。这就告诉我们，培养孩子的思考力和辨别力是多么重要！有不少的教育者对于一些热点，甚至焦点，不加选择地拿来给学生洗脑，希望学生能顺自己意，变成一个听话守纪死学不玩的人。但是，亲爱的老师们，请一定要记住：教育，它是影响，而不是洗脑。

第三辑

班级管理的核心是助力人的成长

升旗仪式上，孩子们着装不当怎么办？

虽然是开学以来第二次举行升旗仪式，但毕竟是第一次在室外举行（9月1日早晨下雨，升旗仪式在班里举行），鉴于我初接班级，所以我很重视这个仪式。关于这个仪式的纪律以及着装我专门花时间做了重申与强调。为免孩子们在升旗仪式上着装不得体，晚上又通过校讯通发信息请求家长提醒。

我以为做得万无一失，哪知周一早晨的情况却让我大吃一惊：四个男孩上身着白色衬衣，下身穿深蓝色西裤，脚上却穿着一双与衣裤极具违和感的运动鞋。有个女孩完全不知道要升旗的样子，穿着校服在队列里泰然处之。不过，当我故意装着很仔细地打量她的时候，她很尴尬。我装聋作哑等到升旗仪式结束，留下了这个五个孩子。

我问："怎么没按要求着装呢？"其中一个孩子回我："别的班都不整齐。"我笑着说："没错，其他班级都不整齐，但那是别人的班，不是我的班，也不是你的班呀。"几个孩子一时无话可说，呆站在草地上。我笑着说："咱们拍照纪念吧。"于是给几个孩子拍了照，让他们走了。几个孩子没想到就这样过关了，大喜过望，"呼啦"一下子跑上楼去了。

下午准备班会课，内容是养心课程。待我准备完之后，又觉得内容太过高冷，心想不如搞点让孩子们意想不到的笑料吧。于是把前几天拍下的桌椅散乱的照片，包括早晨拍的那几个着装不合格的孩子的照片，凑在一起做了一组课件。

虽然我的个性很嗨，喜欢逗着小孩们玩，但这毕竟不是我从起始年级带的班级，他们就是一群我不了解的生物，万一我把他们的照片以课件的形式展出去，会不会伤害到他们脆弱的心灵，以至于对我心怀不满呢？

心有所想，便有所顾忌，但我必须要把这几个孩子的"特殊形象"展示出去，因为不让他们亲眼看看，他们是不知道这番打扮多么具有违和感。

课件展示的时候，我先让孩子们看最近几天我在教室里随手拍的"丑陋一角"，让他们寻找制造"丑陋"的主人。孩子们那股兴奋劲简直别提了，沸粥一般。这个场面其实我是预设到的，毕竟我已经在班主任这条道路上走了20多年，对孩子们那点把戏，我早已洞若观火。

"丑陋一角"的主人在孩子们雪亮的眼皮子底下无所遁形，羞愧地把头趴在桌子上。待他们笑够了，我说："我还有深刻内容没有展示，大家想看吗？"

前面的内容已经让他们大笑开怀了，现在又听说有深刻内容，究竟有多深刻呢？孩子们好奇了，纷纷说，想看。有孩子还说，特别想看。

我笑着说："我个人心胸很宽阔啊，但我不能保证别人心胸宽阔，万一我展出的内容伤害到了小气的人，我怎么收场呢？"

孩子们听我这样一说，赶紧左右前后看看，互相问道：小气吗？有小气的人吗？然后说，没事，给我们看看吧。

我抿嘴笑着，就是不点击鼠标，只缓缓地问讲台旁的阿坤："你说实话，如果内容涉及你，你会小气吗？你会摆脸色给我看吗？我申明啊，这个内容肯定不涉及隐私，不践踏人格，就是大家看看，乐一乐，然后我呢，就事论事，客观陈述，你觉得怎么样？"我之所以这样问，是因为阿坤就是事主之一，并且他是最容易情绪化的一个孩子，只要他没事，其他孩子就没事。

阿坤赶紧故意双手捂脸说："别、别。"随后又立刻放下手说："没事啦，你展示吧。"阿坤说没事，那定然就没事。于是鼠标一点，天，孩子们顿时笑翻了天，包括阿坤自己，都笑趴在桌上了。

为啥呢？就因为这几个孩子的着装啊。现场看他们这样着装并未觉得难看，一旦拍成照片，再做成课件。这哪里还是什么帅哥男神啊。

等孩子们从笑声中缓过来，我客观冷静地说："你们看他们的表情，好像赶了几十里山路，走得气喘吁吁的，灰头土脸的。突然，从天而降一件白衬衣，于是他们喜滋滋地穿上，可是呢，可能穿得太急，衣领没理好，前门襟和衣袖都皱巴巴的，好不容易搞到一套礼服，可是呢，没皮鞋，于是将就脚上的烂胶鞋凑合着，尤其是咱班的女同学，你们可要多看看啊，这可是典型的男神变屌丝啊。"

孩子们被我的冷幽默逗得又一阵大笑。

等孩子们的声音稍微平缓点，我神色一整，严肃地说道："我为什么要求你们在升旗仪式上庄重着装？因为升旗礼是国礼，我们必须以敬畏之心待之！再说了，学会在不同的场合得体着装，这本身就是一种审美，请记住，你们的形象价值百万，不要随意糟蹋了！还有一点我必须要说明，有同学说，别的班都不整齐，言下之意就是，我们班为何要整齐？我想告诉大家的是，别人怎么做，我们无法操控，但我们可以有我们自己的坚守！盲目从众，那是缺乏自信的表现，同时，也是缺乏独立思考能力的表现！下一周的升旗仪式，我要看到整齐优雅的着装，没有为什么！我只要这个结果！"

孩子们没有再笑，静静地看着我，然后，有个孩子小声地说："还有个女生也没穿礼服，怎么不展出来？"

我笑笑，鼠标一点，那个穿校服的女孩忽地跳了出来，孩子们没有笑，"唰"的一下看向她，女孩的脸顿时绯红。为什么呢？因为我在女孩的两张相同的照片之间配了句话：张薇的自信心到哪里去了呢？从照片上看，张薇确实没有半点自信心了，一脸沮丧，眼睑下垂，不知所措地站在草地上。

自那以后，莲韵九班再没有孩子在升旗仪式上不当着装，我也不再谈此事。只是，我仍然天天提着相机拍我发现的美好，同时，也拍我发现的丑陋。然后做成课件，美的，不吝赞美；丑的，大加鞭挞。只针对我看到的现象，绝不涉及个人。

艾岚心语▼

看起来莲韵九班的孩子还真听话啊，就这么一次，他们就长记性了，事实上并非如此。首先，为了孩子们不犯这类低级错误，我做了全方位的提醒。第一次提醒是在周五的放学时间，我会提醒孩子，周一早上要举行升旗仪式，请各位在周末提前准备好礼服、皮鞋，切记，你价值百万的形象千万不要进入我的镜头。第二次提醒是在周末期间，我会在班级群里提醒他们，并且还调侃他们说,各位想看刘姥姥进大观园吗?说好了啊,如果谁忘记穿礼服、皮鞋,就请他扮刘姥姥,然后进大观园出洋相哈。第三次提醒是在周日晚上,我会发校讯通给家长,请家长务必提醒孩子们,一定要着装得当,否则被德育干事抓去了,除了受训,还要扣班级量化分,更重要的是要耽误第一节课。三道门把关,孩子确实再没有犯过类似的失误。其实,还有一个很重要的原因,那就是孩子们天天都看我拿着相机或者手机在拍这拍那,他们爱惜自己的脸面,自然不愿意把丑陋的一面展示给大家看,尤其是在异性效应之下,各自都懂得收敛了。

如何有效管理时间？

从我一接手莲韵九班以来，我就要求孩子们早上 7 点 10 分，中午 14 点 10 分到班。大多数孩子早上 7 点，中午 14 点就到班了。从孩子们到班的时间点来看，他们不仅守时，并且还有提前的习惯。这种情况并非他们心血来潮坚持了一天两天，而是从开学到现在一直如此。这就说明，他们早已经养成提前或者是按时到班的习惯。

既然莲韵九班的孩子如此守时，为何每逢考试都会在年级扫尾呢？造成此种情况的因素当然很多。单说孩子们对时间的管理，是不是科学呢？是不是有效呢？

据我反复观察，孩子们不论是早上，还是中午，只要一来到班上，一部分热情的"生活家"就立马凑在一起闲聊，所聊内容无非就是一些芝麻绿豆、鸡零狗碎的生活琐事，比如某部电影好看啦，某款游戏好玩啊，某个动漫还不错啊，再或者是哪里有好吃好玩的啦……总之说得眉飞色舞，谈得兴高采烈。即便我在教室里忙进忙出，他们仍然视若无睹地扎堆傻乐。我轻易不打断他们的笑谈——一天里难得的偷闲，就让他们乐去吧。

也有少部分的孩子，明明看见他们精神抖擞地进了教室，但他们既不笑谈，也不做事，只老老实实地坐在座位上无所事事地东张西望。直到我说："干活，只有干才会活。"这些发呆的肉身才会懒洋洋地低头在书包里或者桌盒里找来找去。

当然，也有一部分孩子斗志昂扬地来到教室，入室即坐，入座即学，他们属于学习上的战斗机。不过在莲韵九班，这样的战斗机不多，所以很难拖动那些拖拉机和老母鸡（机）——这是孩子们自嘲时分的类。战斗力超强的叫战斗机，弱于战斗机的则是拖拉机，严重拖后腿的就叫老母鸡（机）。

看到这里，读者朋友应该明白了。莲韵九班的孩子考试成绩之所以不理想，除了行为懒散，意志薄弱，不喜动脑，基础不扎实外，跟他们不善于管理时间也有很大的关系。

那么，我该如何来指导孩子们有效管理时间呢？

今天早晨，我趁孩子们喜气洋洋闲谈的当儿，在大屏幕上打出一段文字，算是我开展此项工作的引子，如下：

请重视零碎时间的使用！时间在悄无声息地流失，当流失得多了，就成了时间的长河，当你拥有了那条长河的时候，你就衰老而平庸了！到时，你将会站在你自己的时间河流上哀叹：这辈子，我对自己不满意，因为我没有好好利用自己的时间！

孩子们看完这段文字，集体沉寂。

我说："任何一个有所作为的人，都懂得有效管理和利用自己的时间。你别以为那些有所作为的人就只知道做事，而不懂得生活！我所认识的很多有成就的人，不仅事业有成，还特别懂得生活，非常有生活情调！就拿咱们莲韵九班的朱雅婷来说，谁能说她是一个只知道读书的呆子？她看过的电影，只怕是大家加起来才抵得过她。除大量观影外，她还喜欢读书，喜欢旅游，这些都会占据她很多时间，为何她能取得骄人的成绩？因为她非常善于利用时间！"

说到这里，孩子们都向朱雅婷投去了敬佩的目光。

在这里我要做个特别说明。我之前就说过，莲韵九班的孩子接纳度很高。虽然懒散，但心态非常健康；虽然有些自卑，但性格整体上乐观；虽然自身成绩不好，但绝无嫉妒之心。

我还记得期中考试成绩出来后，级长把朱雅婷的成绩错算成年级第40名。当孩子们看到这个数据的时候，集体难过，纷纷跟我说，朱雅婷都跑到年级第

40 名了，我们还怎么混？事后得知是级长算错了，朱雅婷勇夺年级第 3 名时，全班激动，集体快乐，幸福洋溢在每个孩子的脸上。有几个孩子都热泪盈眶了，那气氛就像过节一样。也就是说，对莲韵九班的孩子而言，朱雅婷的成绩就是全班的成绩，朱雅婷的荣耀就是全班的荣耀。朱雅婷让每个同学心服口服，甚至让每个同学心生感激！

"那么究竟如何有效管理时间呢？"我笑着问大家，"你们想知道吗？想学到吗？"

孩子们马上回应："想！"

我笑笑，说："事实上，你们的艾岚同学，我，也算得上时间管理的高手！从小，我就比别人善于利用时间！每天中午放学回家，我既要做饭炒菜伺候人，还要煮猪食伺候猪，甚至还要兼搭做一些家务，但我能在很短的时间内把这些繁杂的事情完成。为何？一则，我不拖延，说做就做；二则，我做事前一定要动一下脑子，把顺序理出来；三则，能够合并的事情，我就一定要合并着做。我最初不懂得其中的道理，只知道这样做事既省时又快速。后来我读到初中，学了华罗庚的《统筹方法》一课，我才知道，我无师自通学会了统筹方法。现在，我仍然比别人更善于利用时间。很多人都很纳闷，问我如何在非常繁忙的情况下还能兼顾把工作做好，家庭经营好，孩子教育好，最主要的是，还能每年写一本书，外出做几十场讲座，这么多事，究竟在哪里去找时间呢？我还要补充一点，我不仅要完成上述事情，我还是一个热爱生活的人！我以前在四川教书，非常喜欢织毛衣，我一家大小老老少少的毛衣都是我手织的，除喜欢织毛衣之外，我还喜欢绣十字绣的鞋垫，实话告诉大家，我儿子读大学的鞋垫，我都绣好了！我还喜欢看电影，特别喜欢阅读，甚至，我还要追脑残剧，比如暑假我就追看了《花千骨》，现在，我又在看《琅琊榜》。这么多事情我何以能完成？很简单，合理地有效地利用一切可以利用的时间！"

我看孩子们个个听得津津有味，突然提高声音说道："别走神啊，我教你们几个管理时间的招数，你只要老老实实执行，一定能从中获利的！"

很多孩子眼中露出了希望的喜色，雀跃而急切地看着我。

我淡淡一笑，缓慢有序（我没有那么有才，事前做了充分准备的）地说道："1. 每天早晨在上学路上，动一下脑子，把一天要做的事都罗列一下。记忆力好，且做事又有条理的人，直接记在脑子里就可以了。但记忆力不佳，并且做事缺乏条理，路上想好，来到教室，及时罗列在笔记本上。下课就翻看一下，做了的就赶紧划去，没做的，及时行动。

"2. 对所做的事情进行分类。紧急又重要的事赶紧做；紧急不重要的事抽空做；重要不紧急的事慢慢做。不紧急又不重要的事暂不做。咱们现在的学习主要是为中考准备，所以属于紧急又重要，要赶紧做。这就需要大家一定要善于利用零碎的时间。别小看零碎的时间，日积月累，有账可算啊。哪怕时间少得只能记一个单词，背一首古诗，做一道题，也要抓紧，积累下来，你该记多少单词？背多少古诗？做多少道题？

"3. 保持桌面整齐，桌洞分类有序。乱糟糟的环境会使人心烦意乱，最重要的是，桌面或桌洞太乱，要花很多时间在寻找课本或者资料上面，这必然会造成时间的浪费！

"4. 各科资料必须分类编号整理好，并且要放在一个固定的地方。有限的时间内，我们需要完成很多任务，这就要重视保持每件事的有序和完整。

"5. 定期扔掉用不着的资料。不仅要重视身边环境的清空，也要重视大脑的清空。杂物太多，杂乱无章，做事自然没有头绪。脑子里乱七八糟的东西太多，也会影响脑子的运转，导致跟不上时间，那些喜欢发呆的人通常就是脑子里太乱了。

"6. 化零为整凑时间。一个叫雷曼的学者说："每天不浪费或不虚度或不空抛剩余的那一点点时间，即便只有五六分钟，如得正用，也一样可以有很大的成就。"早上7点10分考勤，你7点就来了，比起那些踩点到班的同学，你赚了10分钟，那么这10分钟你拿来干什么呢？发呆，闲谈，虽然可以让你暂时轻松一些，但你浪费了时间，你比起那些会利用时间的人，慢了半拍，每天慢一点，天长日久，你就慢很多，最后就被别人甩很远了。

"孩子们，最后送你们一句话：只有把自己炼成时间管理的高手，你才能成为人生的赢家！"

艾岚心语▼

关于"如何有效管理时间"的方法很多，但我只给孩子们介绍了上述6种，不求多，但求孩子们都能落实，那么，他们肯定能有较好的成长状态。我在给孩子们谈这个管理时间的话题时，他们其实是很认真听的。这就说明，不是孩子们不愿意成长，而是不懂得如何成长。与其抱怨他们，还不如真心帮助他们！因为，绝大数孩子是渴望得到老师帮助的！那么怎么督促孩子落实呢？在孩子们没有养成科学管理时间之前，每天进行提醒是很有必要的。其次要求孩子们将时间管理用文字体现出来。比如每天早晨用笔记本梳理一天的事情，初学时间管理者，一定要先落实到文字上，然后才落实到行动上。第三点，就是要勤检查，比如孩子们的桌洞是否清理好，他们的资料是否编码按序整理好。也就是说，老师光是一张嘴巴讲述，就算讲得很在理，孩子们也听进去了，但如果缺乏配套的检查制度，孩子们就很容易虎头蛇尾。另外，还可以向孩子们推荐阅读《初中3年最高效的7种时间管理方式》一书。最好是老师带着孩子一起读，然后逐一落实。

遇到吃软不吃硬的学生怎么办？

上周五，下午第九节课下课，我正在电脑前忙碌，忽然听得外面一阵高声的谩骂（谩骂内容难听，不在此重述），听声音很熟悉，扭头看去（我坐在办公室的后门处，且后门开着），竟然是莲韵九班的晨雨。

我立即起身，以迅雷之势闪出办公室，站在他旁边，指着他鼻子厉声呵斥道："你骂谁？"

我突然现身出声，晨雨大吃一惊，立即停住了骂声，向我辩解道："我没有骂咱们班的。"

"别班的你就可以这样刻薄地咒骂吗？"我逼视着晨雨的眼睛，声音凛冽。

晨雨被我咄咄逼人的眼光扎得不敢再狡辩，尴尬地低着头。

说实话，这个时候，我对晨雨没有任何的疼惜，有的只是无比的愤怒。但是，我不能任由这个愤怒乱窜。我必须遏制住自己的愤怒情绪，于是厉喝一声："走人！"

晨雨乖乖地"走"了。

现在回头来说，我为什么要发这么大的火？这跟我的身份多么的不匹配啊，同时，也跟我的教育理念多么的不合拍啊。还有，在这样一个师生关系极其疏离，学生群体充满暴戾之气的环境里，我竟然敢用这种态度对待学生，我不怕遭到学生的打击报复吗？

首先说，我不怕！再者说，晨雨不是那样的孩子。

我之所以要说"走人",实际上是想让晨雨赶紧走,免得我情绪激动口不择言,这其实就是一种自保和保他的行为。

说起这个晨雨,坏事从不干,但好事也没见他做。据孩子们私底下跟我说:"以前班里有个'老大',他仗着'老大'跟他有点交情,所以经常扬言要打这个打那个,不过从来也没见他敢动手打过谁,就一装逼犯而已。除此之外,就是跟着班里一些调皮鬼欺负班主任,把班主任气得半死。"听到这里,我吃惊地反问:"我看他很老实嘛,从来没给我惹麻烦。"孩子们捂嘴吃吃地笑,说:"那要看是谁在做班主任嘛。"

这么说来,晨雨是一个遇弱就强硬,遇强就软弱的孩子?

他为何会形成这样的个性?跟他的原生家庭自然有很大的关系。

他的父亲曾经给我说过,晨雨是一个吃软不吃硬的孩子。我回答他,他从来就没对别人软过,除非是遇到比他更强硬的人!事实上,我听晨雨的妈妈说,晨雨的父亲脾气也非常的急躁。这样一说,答案就不难找了。

对待这样的孩子,怎么办?跟他讲道理,他压根都懒得听,甚至他脸都不会朝向你。

所以,我一直按兵不动,静静地等待一个契机,我要利用这个契机,好好地把这棵歪脖子树掰整掰整。

周五下午,果然被我抓住了一个好时机,岂可错过?

晨雨"走"了之后,我进到教室(第九节后,孩子们还要上一个小时的延时课,晨雨没有参加),气势如虹,豪情万丈地问:"晨雨今天骂谁了,告诉我,我替你们主持公道!我帮你们找回面子!简直吃了豹子胆,竟然敢在我的眼皮子底下用恶毒的语言咒骂自己的同学,真是找抽!"(故意这样说的,我希望有孩子把我的态度传递给他。)

孩子们一脸兴奋,说:"应该是骂七班或者是八班的同学吧。"

"为什么要骂呢?"我眉头一皱,不解地问,"骂人总得有个理由吧。"

"看人家不爽呗。"有孩子撇嘴答道。

"看人家不爽就可以扯着嗓子跟泼妇骂街一样,这还了得!"我愤怒地说道。

"换个人当然不会,晨雨就会。"有个小孩说道。

"嗯,好了,咱们暂时把这事搁下,各位准备上延时课吧,"我换了种语气,温和地说道,"我周六去厦门,特意早点去,给你们买好吃的哈。"

孩子们兴奋地"耶"了一声,随即动手准备延时课的资料。

周一,晨雨来了,我没有理他。再说周一都特别忙,我也没时间理他。下午班会课,跟孩子们玩了个情商测试,孩子们异常兴奋,都想知道自己情商是高还是低。此事后文另叙。特别禀明,晨雨的情商测试只得了65分,低到了谷底。看到这个分数(此分数不能说完全准确,但可以作为参考),他以前的种种就不奇怪了。

周二早晨,在厦门买的零食快递到了,每个孩子一份,自然也少不了晨雨的。骂人归骂人,吃东西归吃东西,两档事不能混为一谈。

上午的体训时间,我叫晨雨留在教室。我坐他面前,我的态度非常和蔼,轻言细语地说:"晨雨,假如我是一个陌生人,你会不会骂我?"晨雨轻声答道(这次他的脸终于朝向我了):"不会。"

"如果你要跟我说话,态度是友好还是恶劣?"我问。

"友好。"晨雨小声答道,脸有些微红。

"说话的时候,脸扭向一边,还是朝向我?"我笑着问,并且还夸张地模仿他把脸扭一边的姿态。

晨雨有些难堪,说:"朝向你。"

"今后不扭脸了?也不摆脸色了?"我笑着追问。

"嗯。"晨雨点头,竟然面带羞涩。

"我不要求你对我们要多热情,多友好,我只希望你能把你的同学,老师,当作路人来待!像对待陌生人那样客气!"我真诚地说道。

晨雨点头,温顺得像一只绵羊。

自那以后,晨雨的表现都很不错。最起码,在他脸上可以看到干净的笑容。现在回头来想,我之前该不该用那样凛冽的语气逼问晨雨呢?我该不该发那通火呢?我觉得应该!教育需要科学分析,需要理性表达,但也需要狂风暴雨。不过,这一切都需要在充分了解学生个性的基础上进行。

艾岚心语▼

  一个深受原生家庭影响的孩子，老师朝他发一次火，跟他谈一次心，不良行为就戛然而止了？这显然是高估了教育的作用。很多时候，教育是没有用的。晨雨之所以发生变化，是因为他明白，他的行为在我的挑动之下，已经引起了公愤，如果他不收敛自己，他在班上就会成为孤家寡人。一个孩子，可以承受成绩不好，也可以接受被老师冷落，但他很难接受没有同伴，他承受不了孤独对他心灵的啃噬。一个班级的班风如何，很大程度上是由班主任所秉持的带班理念所决定的，同时，一个孩子在班级里的行为表现，跟班主任所倡导的价值观也有很大关系。莲韵九班以前的师生关系很不和谐，生生关系也如同一盘散沙。我接手之后，非常重视师生之间、生生之间人际关系的重建。孩子们已经感受到师生关系和谐带给他们的心灵快乐，也感受到了生生关系友好带给他们的情感满足。因此，对晨雨的行为，他们一改过去那种"事不关己高高挂起"的状态，纷纷讨伐晨雨的不良行为，这给晨雨带来了很大的压力。在压力的迫使下，加上我语重心长的告知，晨雨终于明白，他如果不改正自己的行为，不对身边的同学表达友好，他是没有好日子过的。

如何应对学生之间的不愉快事件？

上午第二节课间，我去教室跟孩子们玩（下雨，体训取消）。正巧遇见唯唯跟小宏扭打在一起。小宏死死抱住唯唯腰身不放，唯唯丧失理智，疯狂乱打。见此，我，还有附近的几个孩子赶紧将他们分开。两个孩子气呼呼地回到各自的座位，我平静地说道："好吧，两人先息息火，等你们都心平气和了咱们再来处理这件事吧。"说完，我不再搭理他们，而是跟孩子们商量校庆"时空胶囊"一事。所谓的"时空胶囊"，是学校50周年校庆的一个环节，意即让每个孩子给10年后的自己写一封信，然后以班为单位，校庆的当天全部将其埋在榕树下，10年后，也就是2025年，60周年校庆的时候再取出来。孩子们听闻此事，兴趣盎然，纷纷说这个太有意思了，太吸引人了。于是所有的孩子都把注意力转移到"时空胶囊"一事上去了，再无人理会两个打架的小屁孩。

上完三四两节课，我设计了10个小问题，打印出来再交给两人，告诉他们如实填写就可以了，算是做个简单的调查吧。有句话说得好：没有调查就没有发言权。小调查如下：

1. 你跟外班同学打过架吗？
2. 你跟本班同学打过架吗？
3. 自初中以来，你跟本班同学打过多少次架？
4. 你跟同龄陌生人打过架吗？

5. 你跟低年级同学打过架吗？

6. 你跟高年级同学打过架吗？

7. 你跟女生打过架吗？

8. 你敢跟本班陈毓强、林智韬、向往、苏元晟、黄嘉豪、陆根、刘梓坤打架吗？

9. 本学期你们已经打了两次架，挑起事端的分别是谁？

10. 请陈述本次打架的起因、经过、结果。

莲韵九班的孩子大多数性格偏绿，所以班风比较平和，我教他们三个多月，就只发生了两次打架事件，并且两次的主角都是唯唯跟小宏。上一次两人因为口角，产生了点小冲突，我做了模糊处理。因为在我看来，男孩子在成长的过程中打点小架简直是太正常了！但是这一次，他们的动作有点大，尤其是唯唯，几乎打红了眼，完全不管不顾，挥拳乱打。所以，我不可以再模糊了，我必须教会他们如何应对同学间的纠纷，顺便也让其他孩子好好学习我处理问题的思路。我相信，这对他们今后的人生是有好处的！

下午课前，两个孩子都把小调查交来了。

唯唯的调查信息读取：没有跟低年级、高年级以及女生打过架，其余都有过，与同班同学打了大概七次。至于是否敢跟班上陈毓强等人打架，回答是：没试过！其实，就我的观察来看，不是没试过，是压根不敢！因为这些孩子不仅在身体上占尽优势，在性格上也比唯唯强势，聪明的唯唯怎会以卵击石？两次打架，谁是事端的挑起者，唯唯写的是：小宏。

打架"起因、经过、结果"的陈述：小宏丢纸团丢打我，我警告他三次。第四次我就过去问他想干吗？我忍不住了，就跟他打了起来。

小宏的调查信息读取：跟低年级同学打过一次架，跟本班同学打了四次架，其余都没有。至于是否敢跟陈毓强等打架，回答很直接：不敢！谁是事端的挑起者？小宏回答得比唯唯客观：两人都有。

打架"起因、经过、结果"的陈述：刚开始的时候，我拿纸团扔着和他玩。然后，他打一下我的头，我又打回他。玩完后，我趴在桌子上眯一下眼，他就走到我桌子前面再打我一下头。不知他是不是打到我的同桌黄彤，他和黄彤吵了起来，他吵不过黄彤，于是抓着我的衣服，问我想怎么样，我让他放开，他不放，我就和他打起来了。

我将两份调查材料进行了对比分析，并且利用课间时间到教室找了相关的同学求证，孰是孰非，孰轻孰重，心中了然。由此准备了一节班会课——如何应对同学间的不愉快事件（下午第八节正好是班会课时间）。

我说："当同学之间发生了不愉快的事，通常情况下，如何应对呢？请各位议论，然后提出建议。"

议论声骤起，男女生各说不同。

女生说："给他讲道理，或者是不理会，再或者是宽容。"

男生说："打一顿，转身就走！"

其实男生是冒皮皮（吹牛）的。我敢说莲韵九班目前没有哪个男孩有这个野性！除了唯唯跟小宏两个小打小闹了两次之外，到处都是一片和气生财。

我说："女生基本主张宽容，男生基本主张反击，赞同宽容的，请说出理由。"

胡晟的手举得最高。他说："如果反击，势必会造成两败俱伤，伤感情伤身体，没必要，所以宽容是最好的选择。"

"那么赞同反击的，请说出理由。"我说。

这次很多孩子都跃跃欲试。张孔伟表现得最迫切。

他说："俗话说，感情是打出来的，所以反击是必须的！"

我马上转脸问唯唯和小宏："你们两个的感情是不是越来越好了？"

唯唯笑着说："一般。"小宏似笑非笑，说："现在还有些恨他。"

我说："在我们的人际交往中，宽容和反击都需要。可以宽容你这个人，但并不意味着赞同你的行为！可以反击你这个人的行为，但并不意味着一定要仇恨你这个人！我倒觉得一味的宽容，会助长某些歪风邪气，所以，该反击的时候也绝不手软。那么，我们该如何反击呢？"

一时间大家议论纷纷，主意百出：

责骂、诅咒、整蛊、孤立、以牙还牙、痛下杀手、找老师告状……

我笑着说："古人说的'不战而屈人之兵'方为上策，你们这全都是'下三滥'手段，有辱你们的智商！"

这个时候向往站了起来，他说："凡事要看具体情况以及具体的对象，如果是小事情，真没必要计较。但如果是有辱尊严，有伤身体，肯定是要反击的。即便是反击也要讲方法的，有文的，也有武的。再次，我还要看对方的人品，如果对方的人品没问题，我可能会据理力争，甚至也会动手打一下。但如果对方的人品很差，我除了维权之外，一定要远离这种人，我不屑于与他动手。"

向往的回答为他赢得了热烈的掌声。

我说："向往分析得很有道理！反击并非就一定要通过打骂的方式来达成。在成人社会里，如果权益受到了侵害，最好的反击方法就是拿起法律的武器走司法程序来维权。那么在学生群体之中，如果自身利益受到了侵害，也可以拿起班规校纪来维权，可以寻求老师或者是家长帮助进行自我维权。比如唯唯，小宏连番几次朝你扔纸团，你在警告无效之下，可以将此事提交到班委或者是我这个班主任这里，请求公开公正地处理，这样做既维护了你的权益，又震骇了小宏。这就是司法维权的思维方式。大家一定要形成这样的思维，今后进入社会，当你的权益受到了侵害，你就懂得既惩戒坏人，又要保护自己。"

孩子们均点头表示赞同。

"如果确实无法回避对同伴动武，有没有一些具体方法？"我问。

孩子们竟然跟我说，打就是打咯，还讲什么方法！

我笑着说："任何事情都有与其匹配的方法，同伴间的打架也是如此，下面老师教你们几招。"

1. 雷声大，雨点小。

就是气势骇人，拳头轮得很高，但一定要落得很轻，做做样子吓吓人就可以了。

2. 有人拉架趁势下台阶。

聪明的人一定懂得适时而退！只要有人劝架拉架，不管怨气有多大，都要赶紧趁势下台阶了。

3. 不能打要害位置。

实在要打，打背部，不要打头，头是司令部，端了人家老窝，人家会放过你吗？也可以打一下手臂，以及大腿。万不可踢屁股（男孩容易被伤及睾丸）和腹部（容易伤及脾脏且不易发现，耽误最佳治疗时机）。

（说到这里，快嘴的张孔伟竟然毫不顾忌地大声说道："就是，有些人乱打，还扯我鸡鸡！"他的话引起了男孩的哄笑，女孩的喝骂。我也有些尴尬，白他一眼，说："有女孩在这里，言语表达要注意分寸啊。"张孔伟意识到自己失言，尴尬地吐了吐舌头。）

4. 两个人的斗争，不要殃及其他。

两个人的矛盾就是两个人的矛盾，不可以让其他力量掺和进来，也不可以因此损害了集体的利益与荣誉。

5. 停手即解气，不可再生事端。

架打完了，气也出完了，事情就到此为止了。不必因此再生出其他事端，造成二次乃至三次伤害。最后大家都讨不了好！

总之一句话，事情发生了，解决是王道！大事化小，小事化了，是最机智最智慧的做法！

最后我说："男人，既然有血性打架，那就把这个血性体现在更积极的方面！我的惩戒建议：由唯唯跟小宏合唱《愚公移山》，12月份的生日会上，助兴的活就由他们干了！注意，歌的原唱是江涛，你们也听了，是首雄性十足且非常雄壮的歌，我希望能听到唯唯跟小宏那充满雄性激素的男声唱出雄壮的歌！"

课后我问唯唯跟小宏：对我的处理方式是否满意？两个孩子都说很满意。我再问："对于合唱《愚公移山》有没有异议？"两个孩子都笑着说，没有。我最后还问了一个问题："这节课学到了什么？"两个小孩都将我前面所说做了比较完整的陈述。我笑着说："学习效果还不错，关键是要落实到行动上。"

艾岚心语 ▼

很多老师在处理班上的突发事件时，往往是责备多，理解少；评价多，指导少。对已经发生了的，板上钉钉的既定事实，指责，说教，那只能算是马后炮。它所产生的结果，要么让学生感到愧疚、悔恨，但再遇此类事情仍然不知道如何处理；要么让学生心生不满、不服，事后毛病依旧。对既定事实，我个人觉得，秉承"大事化小小事化了"的原则，教会孩子如何理性地处理人际纠纷，预防不良之事再次发生才是上上之策。具体怎么操作呢？

除了文中所述，我再做一个补充：1. 事情发生之后，老师首先要做到情绪冷静，不批评，不指责，如果确实冷静不下来，可以延缓处理。2. 让涉事孩子梳理所发之事的起因、经过、结果。3. 师生一起分析所发之事所产生的可以预期或者不可预期的危害。4. 让学生设想今后如果再遇到此类事情，可以用哪些方法来应对可以避免不良后果的产生。5. 事情理顺后，再让孩子们从感情这个角度来反思，自己这样做，给对方以及自己带来了什么伤害。孩子们用这种冷梳理的方式，很快就可以找到自己以及他人所存在的问题，怨气很快就会消除，情绪回归正常，思考回归理性。一件原本让大家生气的事情，到头来却促成了孩子们的成长。这就告诉我们，教育生活中，教育契机时刻都存在，换一种思维方式，皆大欢喜并非不可能。

学生吃零食班主任该怎么管？

前些天有个女网友问我的学生吃不吃零食。我说要吃啊，我看他们吃得很厉害很猖狂呢。女网友马上说，我们学校不准学生吃零食。我觉得简直不可思议，说，孩子正在长身体，早上来得早，没食欲，上午过半就饿得七晕八素的，吃点东西补充能量很有必要啊。女网友苦笑道，理解，但学生不知好歹，吃了东西垃圾乱丢。

至于学生知不知好歹，这个只有学生来回答了，毕竟太过主观。但有些孩子吃了零食乱丢垃圾确实客观存在。不过，我们能因为有少数孩子乱丢垃圾，就禁止所有的孩子吃零食吗？这不叫因噎废食吗？

莲韵九班的孩子，虽然成绩不是一级棒，但总体上是很乖的。我经常看他们在教室里猖狂地分享着早餐或是零食，但教室里保持得还算干净，所以我也就采取了模糊管理。

可是上个周，我总是收到10班B层孩子的投诉，说莲韵九班的某某和某某，以及某某，在数学课上吃零食，吃得肆无忌惮，动作浮夸，声音嘹亮，并且还把零食残渣丢在他们的桌盒里。既影响了老师讲课，也打扰了同学听课，还摧毁了10班教室的美丽室容。

我听了当然有些愤慨：这些不知高低的孩子，你吃零食我装瞎子，你不但不感激，还给我惹事，真是找抽啊！

愤慨一阵后，我脑子一转，我得想个法子顺理成章地治治这些没规没矩的家伙。怎么做？骂？虽然我很爽，但招孩子恨，还不起作用。斥责？虽然我很过瘾，但孩子会屏蔽。罚款？那我就等着被投诉吧！打？那我只有上头条了！

那就搞个现场办公吧！他们不是喜欢吃吗？我就跟他们正儿八经地谈谈如何吃！当个高段位吃货也是有各种讲究的！

首先，我向他们坚定地表明了我的态度：我今天所谈的关于吃零食的这个事，只是要解决一些问题，不是要批斗某些人，也就是对事不对人，大家不必对号入座。

接着，我让孩子们仔细思考，认真分析，慎重回答：我们要不要吃零食？

经过孩子们的纷纷议论，周密论证，最后达成共识：零食一定要吃！

我鲜明地提出了我的观点：民以食为天，所以我坚决支持大家吃零食。然后坚定地表达了我的诉求：我坚决反对将吃零食所产生的垃圾乱丢乱放。

论及此处，那些个"小聪明"马上接嘴道："但是有些人就是不识趣……"

我笑着说："咱们先来做个现场调查吧？"

1. 你在课堂上吃过零食吗？（只有陈立为坚决地说自己在课堂上从来没吃过零食，其他同学均表示吃过。天呐，陈立为太坚强了，两年半了，竟然没有在课堂上吃过东西，就是我，也做不到啊！地下党的优秀接班人，赞！超赞！）

2. 你最喜欢在哪个老师的课堂上吃零食？为什么？（我本来是恶意地揣测该是数学课上吃零食的多，但孩子们的说辞是，没有固定在哪一个老师的课堂上，实在是饿了或者是抵不住食物的诱惑就会偷偷地吃。不过，我觉得他们的话可信度不高，因为在我的课堂，没有任何一个孩子敢吃零食！课堂规矩那是必须遵守的！）

3. 如果从现在开始，坚决不准将零食带入课室，你接受吗？为什么？（只有四五个孩子表示可以接受。问他们为啥？其中一个叫作甘舒婷的甘甘同学竟然可爱地说道：有利于减肥啊！甘同学，亏你想得出，你这是放学后招打的节奏啊！）

嗯，好吧。我赞同大家把零食带进课室。只是，当下的处境是：

1. 有些同学在课堂上吃零食，影响到老师上课同学听课了。

2. 将10班同学座位弄脏，教室弄脏，10班同学非常生气，表示已经不能容忍了。

请问：咱们如何解决因吃零食而产生的问题呢？

解决方式：

1. 如何科学地吃零食？
2. 如何艺术地吃零食？
3. 如何做到不造成不良影响地吃零食？

三个问题抛出来，孩子们马上接招，八仙过海各显神通。请看他们的鬼马主意：

1. 如何科学地吃零食？

不吃辣条。吃不太上火的。少喝碳酸饮料。多吃一些干果利于补脑。不吃过期食品。少吃五毛一包的零食，一定要吃就去大超市买。少吃油炸食品。垃圾食品不要吃。多吃不同种类的食物。不吃三无产品。不要吃味道太过浓烈的食物。

2. 如何艺术地吃零食？

吃相要美好（朱雅婷的美好追求）。尽量买吃起来比较安静的食品。吃不会掉残渣的零食。坐着慢慢吃，不要被零食噎着。千万不要发出声音影响到其他人。吃东西时不要跟他人说话和打闹。

3. 如何做到不造成不良影响地吃零食？

一定要在下课时间吃零食，吃完零食要收拾好残局。尽量不买饼干、薯片之类容易掉渣的零食到课室来吃。一定要自备垃圾袋，将垃圾收拾好，不要搞脏地板。

虽然说得不成理路，不过该说的都说到了。还有一名同学创作出一篇三字经，可谓是把上面三个问题做了恰如其分的回答，妙，真妙！

吃零食，没有罪
要合理，不多吃
自备袋，要环保
掉地上，扫把扫
上课了，管好嘴
认真听，不要想
勿打扰，安静坐

既然大家对吃零食这么热忱，那咱就制定一个吃零食公约，正儿八经地、光明正大地吃零食。在大家议论纷纷，各方献计献策的努力下，莲韵九班的吃零食公约瞬间就出炉了，如下——

莲韵九班吃零食公约

1. 上课坚决不能吃！
2. 吃过的零食垃圾必须自行解决！
3. 不能因吃零食影响他人。
4. 对身体不好的零食坚决不吃。
5. 不可以为买零食迟到。
6. 不许吃瓜子类不利于打扫的零食。
7. 不可以在别班吃零食。
8. 不可将气味过重的零食带进教室。
9. 在别人地盘上吃东西，不要弄脏。

有了公约，就有了一个行为的参照。我相信莲韵九班的孩子，绝大多数都能遵守这些公约，但有些孩子肯定会破坏规则的。很多时候，我们会看到这样的现象，一些调皮孩子总是破坏规则，管理者为了简单省事，来个一刀切，结果是调皮孩子干坏事，老实孩子来买单。这样的事情我不会做！我绝不会因为几个孩子吃了零食搞脏了地面，我就阻止所有孩子吃零食。我们面对的是孩子，搞的是教育，所以必须理性地来看待这个事，专业地来处理这个事。我们应该做的，是教会孩子处理问题的思路，让不守规矩的孩子受到惩戒，让守规矩的孩子得到认可。

最后一个问题：破坏公约如何惩戒？经过班级集体议事成文如下——

1. 为班级劳动一周，保持教室干净。
2. 做两周劳务工人，监督其他吃零食的人。
3. 取消他吃零食的资格。
4. 没收零食，并罚扫地，事件记入班级流水账。

5. 用嘴夹着两片薯片表演小品。
6. 给全班同学每人买一个垃圾袋。
7. 给家长建议减少零花钱。

以上惩戒，我个人认为轻重合适，情理无损。如果一个小孩破坏了公约，将上面的惩戒全部给他，这样的惩罚其实是蛮重的。不过，即便重，也不会对孩子的身心造成伤害。不过，有些孩子提出来的惩戒方式，我则不太认同，因此也没有并入惩戒条理中，比如：

罚款。第一次罚5元；第二次10元；第三次15元，依次递加。收到的金额并入班费，搞大型活动时可用。（这一条，我反对。孩子毕竟没有经济收入，再说了，我们也没有罚款的权限。惩戒是为了什么？迫使犯错误的孩子改正其错误行为啊。方法多的是，干吗非要罚款呢？）

罚他给班上每个人买一包零食，让他在凛冽的寒风中吃零食，或者是罚他在厕所里吃黑暗料理。（这个惩戒建议传递了什么信息？我们可以看出这个孩子有着怎样的生命意识？视生命为物，甚至无物，没有尊重，没有体谅，有的只是把别人如何搞倒。）

罚他抄写50遍：我再也不吃ＸＸ零食了。（这是什么整人的盅？孩子们是从哪里学到的？）

打手板心。（破坏公约是可恶，但还罪不至挨打，爱惜身边每个人吧，做人其实蛮不容易的。）

让他把某种零食吃得厌。（厌恶疗法，这也得孩子自己愿意去做才行啊，不能用作惩罚他人的手段啊。不道德，要不得。）

关于"文明吃零食的现场办公会"就开到这里。由于我在会前就表明了态度：不搞批斗，只为解决问题。所以孩子们放得很开，敢说，敢想，敢写，敢提建议。以前那些不清不楚的事情基本上达成了共识。整个会议没有指责，没有说教，更没有羞辱，有的只是跟孩子们一起商量，一起制定原则。特别提醒一句：问题出来了，教会孩子分析问题，解决问题，而不是制造新的问题。

艾岚心语▼

首先我们要弄清一个问题，学生究竟需不需要吃零食？从人本身的需要角度来讲，吃零食是应该的。民以食为天，吃是一个人正常的需求，遏制一个人正常的需求本身就是反人性的。再说了，我们的学生早上很早就到学校了，有些学生连早餐都没好好吃，光上午就要坚持近5个小时，小孩消化能力又比较强，很容易饿肚子，吃零食就是补充能量，是应该得到老师支持的。

其次是要搞清楚学生吃零食会给班级管理带来哪些麻烦？学生下课去小卖部买零食很容易造成迟到这种不良行为，更有甚者，有些学生为了吃零食，或者偷钱，或者借贷，或者敲诈。学生在教室里吃零食还会刺激到其他同学的食欲，引起没有吃零食的学生的不安，也会影响到上课老师的情绪。有些孩子吃的零食味道特别浓烈，严重影响到教室的空气质量。最让老师感到烦恼的，恐怕是吃零食带来的副产品，那就是满地的垃圾。当然，还有一点，我们也不能不考虑，那就是万一孩子们吃了不健康的零食，生病了怎么办？谁来承担责任？

第三点，既然我们支持学生吃零食，可是学生吃零食又会产生许多负面作用，为了解决这个矛盾，班主任就要想办法去平衡，而不是简单粗暴地堵住孩子的嘴。我个人一直都秉持这样的做法：在态度上支持学生吃零食，在行为上规范学生吃零食。满足孩子的真正需求，再对孩子的行为进行引导，这样的管理才符合人性，也才有效，这样的班主任也才具有领导力，学生才会听从他的建议。

孩子，你为什么会受罚？

刘梓坤，校庆活动结束，没有参与场地清扫任务，违背班级契约精神，除公开批评外，罚拖四楼办公室地板两周（自选惩罚项目）。本人无异议。

邱炜佳，校庆活动结束，留守场地，但只是做了一个旁观者，属"不作为"行为，罚拖四楼办公室地板一周（自选惩罚项目）。本人无异议。

关于两人在校庆活动结束后表现出来的行为，交莲韵九班同学复议，均认为两人应该受到不同程度的惩罚，惩罚可以人性一点，那就是由他们自己选择。

他们为何要受此惩罚呢？说起来这里面还有一些曲折。

校庆前一天（也就是12月18日），我就把校庆活动（12月19日）的程序研究得一清二楚，然后根据程序对"莲韵九班"进行了周密的部署，可谓是条理清楚，分工明确。然后再列出条款撰写成文，复印成件，人手一份，详细解读，落实到位。附录如下——

莲韵九班校庆活动安排

1. 纪律督察员：张文芳、卢晓雪、黄彤、黄嘉豪。活动中，如有不守会场纪律（喧闹，随处走动）者，先提醒，再不守，制止，然后记下名字，事后严格按照学校制度处理。

2. 面带笑容，心怀正能量，举手投足，要有咱们莲韵九班的礼仪和风范！

3. 活动中，该鼓掌则鼓掌，该吆喝则吆喝，该举起啦啦棒就举起啦啦棒。

4. 必须保持自己的地盘干净整洁，劳动委员文圆做好考核工作（凡自己地面上有垃圾且拒不收拾的，扣期末德育测评分数5分）。

5. 活动结束，按现场指挥要求有序退场，不可以一哄而散。即便别人哄，我们也不可以哄！

6. 活动结束，文圆、梁柱辉、张孔伟、邱炜佳、王境浩、刘梓坤负责班级地盘检查以及清扫工作。

7. 活动结束，陈毓强、林智韬、黄彤、蔡威明、黄嘉豪、胡晟、汪振宇、郑斯豪、胡雍俊负责将胶凳聚拢叠起放草地上。

8. 活动结束，不担任清扫和规整任务的同学一律回教室，由班长张文芳清点人数并将啦啦棒统一回收。

9. 一切工作结束，大家高高兴兴、安安全全回家！

校庆活动拍客作业：

10~15张光明中学校庆最美照片。

录制一段最让你动情的视频（可以是人物，可以是景物，也可以是活动场面。总之，凡美的，都可以入镜）。

当解说到校庆结束后哪些同学收拾残局，有孩子不解地问我："为什么派的是他们？"

我转身指指墙上的"劳动任务安排表"，说："大家下来可以看看我身后的表格，平时哪些同学的劳动任务相对较轻？从公平原则来讲，平时轻松了，有集体活动时就应该多出一些力。"

我话声一停，不论是有任务还是没任务的孩子都很开心地表示这是应该的。

刘梓坤更是拍着胸脯表情激昂地表态：保证完成任务！

我笑着说："明天的活动安排，我既以书面形式呈现了，也以口头方式表达了，你们也以口头形式应允了，咱们师生之间就形成了一个契约，相互之间都要遵守。"

孩子们均点头表示赞同。

另外，我也跟孩子们真诚地沟通了，校庆活动 11 点 30 分结束，但我因为下午广州有事，我必须 11 点就要去高铁站，所以没有办法陪他们到活动结束。不过，为这 30 分钟的失陪，我请了"一心走路"（我上一届的班级）的同学来陪他们，还有莲韵九班的园芳妈妈也全程陪伴他们。

孩子们笑眯眯地拍着胸脯说："老师，你安心去吧，我们绝对不会搞出乱子的。"

于是我就安心地去了广州，19 号晚上再安心地去了南京，20 号下午再安心地从南京回深圳。可是，当我从去南京禄口机场的出租车上听到深圳光明工业园区红坳村渣土滑坡的消息时，我再也安不了心。因为我知道莲韵九班有两个孩子就住在红坳村。于是赶紧上网，疯狂地搜索相关的信息。还好，那两个孩子虽然在红坳村，但不属于滑坡的位置，心稍安。候机的时候，再看手机新闻，满屏皆是深圳光明滑坡事件。于是，潜藏心底的恐惧慢慢复苏（我经历过四川大地震），又焦躁不安。

在这样一个背景下回到学校，听到刘梓坤违反契约开溜，邱炜佳留守现场旁观。说实话，我心里是非常怄气的。

总之，如果我们每个人都有责任心，都能把自己的事做好，故事就不会变成事故。

再说了，当初安排任务的时候，刘梓坤和邱炜佳都没有表示异议，尤其是刘梓坤，还当全班同学面拍了胸脯的。沉默也好，拍胸脯也好，对我的安排没有提出质疑，没有提出修改建议，那就说明他们是认可了我的安排，师生之间就形成了一个口头契约，就必须要遵守！一旦违反，必须受到相应的惩罚！

艾岚心语▼

中国青少年研究中心副主任孙云晓认为，在提倡表扬、奖励、赏识的同时，不应该忽视"惩罚"在教育中的积极作用。这里说的"惩罚"不是体罚、伤害，更不是心理虐待、歧视。"惩罚"绝不是体罚，"惩罚"的前提是尊重。"惩罚"的一个根本出发点和目的，是让孩子在成长的过程中，懂得为自己的过失负责，做有责任感的人。现在社会上流行着一种无批评教育，似乎对孩子们多加鼓励就可以解决一切问题，恰恰相反，没有批评的教育是不负责任的教育，是缺钙的教育，是危险的教育，因为经不住批评的孩子是脆弱的。对父母和老师来说，一定要在必要的时候对孩子说不，并坚持到底，这是孩子成长的人生路标。因为孩子如果没有接受过惩罚，也就学不会承担责任。

惩罚虽然很有必要，但惩罚一定要合适。合适的惩罚是一种"负强化"的过程，是能产生积极效应的。具体到时间、力度、理由、目的等都要合适，要让孩子既能认识到错误，内心产生羞愧感，又能给孩子补救的机会。还有一点，惩罚之后，此事就要翻篇，班主任不可以对这件事耿耿于怀，甚至还秋后算账，那这就不叫惩罚，而叫恶意收拾了。

既成事实后，我们该有怎样的处理方式？

周一上午，我收到德育处发出来的一个信息，是说周一早晨室内升旗时，有很多个班的学生没有穿礼服，其中就有莲韵九班。

当时我在外，也不便说什么。再说了，此事已成定局，批评责怪并不能解决问题。我要做的，就是珍惜这个机会，帮孩子们理一理思路，以形成正确处理问题的思维方式。

当然，趁事故没有发生之前做好各种预设，将问题消灭在萌芽状态，这是最上乘的处理方式。但是，不管我们的预设做得有多好，都有可能突然生成一些问题出来。那么，面对这种事前预设不充分而生成的事情，我们该有怎样的处理方式呢？

我以莲韵九班周一早晨室内升旗礼服着装不到位被德育处通报这件事为例，引导孩子们学会理性处理问题的思维方式。

我说："事情已经发生，并且已成定局，那么我们该如何面对和处理呢？"

首先是态度。狂风骤雨地批评，声嘶力竭地指责，除了自身收获满肚子的愤怒之外，还有涉事者的怨恨，其他人的冷眼。因此，当我们遇到既成事实，最应该保持的就是冷静的态度。越是冷静，越能找到解决问题的思路，并且不会对他人造成伤害。

接着是对整个事件进行描述——

从开学到现在，由于学校修建塑胶跑道，室外升旗无法进行，只得将升旗仪式改在教室举行。

德育处领导要求各班学生即便在教室也要穿礼服,并且是必须穿礼服!目的是为了凸显庄重严肃的氛围,让学生习得敬畏之心。

每周一早上的升旗仪式,德育处都派有干事巡视,如若着装不到位,必定要发信息通报批评。

在此背景之下,莲韵九班因有多数孩子没有穿礼服,因此被通报了。

描述的好处就是从回顾中重新认识事件的真相,找出其中的利弊!这会让人变得更加理性,避免二次错误发生。

再就是分析此事的背景与利弊。比如说室内升旗,究竟穿不穿礼服?德育处的要求过分不过分?

讨论分析:升旗仪式上要求庄重着装,一是对这个仪式的重视,二是对国旗的尊重。升旗仪式在哪里举行,都应该是庄重的。还有尊重,是不应该分时间地点的。因此,学校德育处要求每个同学即便是在室内举行升旗仪式也要穿礼服是合理的!我们自己没有做到位,被通报批评也是应该的。

通过分析得出结论:今后不论在室外还是室内举行升旗仪式,都要穿礼服!

接下来是引导孩子们思考。当然,也要提醒孩子们,如果是你自己单独处理这类事件,也是要自我反思的。

反思一:升旗仪式不穿礼服,是否意味着不爱国?

穿不穿礼服跟爱不爱国没有直接的关系。风流倜傥、道貌岸然的伪君子多了去了。邋遢厌人对国家忠贞不二也见过不少。

但是,我们要明白一个道理:升旗礼是国礼,应该严肃,庄重。穿着礼服更有仪式感,更能让人产生爱国的情绪。整齐着装也能体现一个人的素养。尤其是在室内举行升旗仪式,别人看不到的情况下,如果还能坚持穿礼服,这种行为就特别让人敬佩。

反思二:升旗仪式是不是一种形式主义?

就算升旗仪式是形式主义,我个人认为搞一下这样的形式也很有必要。再说了,任何国家,对升旗这个仪式都是非常重视的。比如说美国,在不少中国人的眼中,美国人和爱国是扯不上关系的。他们成天游行示众、反抗罢工、谩骂、反讽领导阶层,似乎和"和谐社会"的概念格格不入。其实他们的本意在于更好地参与民主政治,只有每个人参与、融入到政治生活,才能够建设一个更好的国家。从美国人对待升旗这个事上,我们就能很好地看出,美国人对爱国的热情非常浓烈。

我们来看美国人升旗时,民众是怎么表现的?着便装的戴帽者,用右手将帽子摘下,举在左胸前;未戴帽者,以立正姿势对国旗行注目礼;穿军装者,则行军礼。

美国还规定,任何物体和徽章都不得置于国旗之上,也不得将国旗挂放在肮脏之处。

有时美国人还要对国旗宣誓。宣誓的时候,将右手抚住左胸。誓词全文是:"我宣誓忠实于美利坚合众国国旗,忠实于她所代表的合众国——苍天之下一个不可分割的国家,在这里,人人享有自由和正义。"

说到这段文字时,我向孩子们出示了奥巴马访华升美国国旗时"右手抚左胸"的图片。有图有真相,事实胜于雄辩,孩子们不再说什么。沉默着,沉思着,羞愧着。事实上,我们每一个人都应该羞愧,为自己的狭隘意识羞愧!还要为自己的自以为是羞愧!

相比美国,我们做得不够好。所以,为了表达我们对自己国家的热爱,培养自己的爱国情感,以及学会在庄重场合着装的礼仪,我们莲韵九班达成一致的意见:不管在哪里升旗,都要穿好我们的礼服!

请每位同学都要记住,不管什么事,一旦成了既定事实,第一时间是要想办法怎么解决这个问题,如何大事化小,小事化了,尽最大力量把伤害消除或者是降到最低!接下来就要想今后该如何做才能避免此类事件的发生。很多时候,我们为人总是失礼,做事总是失败,并非他人多么可恶,也并非事情多么诡异,而是我们自己的思维方式有问题。

艾岚心语 ▼

很多老师很怕学生产生问题,一旦学生出了问题就免不了责备、呵斥,甚至体罚。我不否认这些做法的作用,毕竟"置之死地而后生"的案例比比皆是,通过震撼达到良好教育效果的案例也俯拾皆是。也就是说,教育的效果要因人而定。教育者可以使用多种多样的教育手段，当然也包括愤怒情绪的释放，真性情的表达，雷霆万钧的轰炸。不过，我以为这些做法都只能是偶尔为之。多数情况下，我们还是要采取客观评价，理性分析，冷静处理的方式，这样做的好处是伤害最小，成本最低，并且便于推广，也可以复制，学生也很容易学到。

把被动倾听者变成主动输出者

　　昨天第八节，两场会。一场是所有初三年级的学生到四栋底楼汇报厅开考前会，由教学处主任讲中考的相关注意事项。一场是初中部所有班主任和监考教师到阶梯会议室开考务会，由校长主讲。

　　考务会上，校长先是郑重其事地对监考老师做了各项要求，同时也宣读了监考纪律，接着更加郑重其事地对初三班主任说：各位明天上午第四节课，一定要啰唆，不要怕啰唆，就是要啰唆，把教学主任讲过的要求要反复讲，没有讲的一定要补充讲，总之，就是要反复讲，就是要不停地念紧箍咒，把孩子的屎屎尿尿提干净，不能出任何状况，出了状况谁都担待不起。

　　虽然校长一再强调班主任要在孩子们面前"啰唆"，事实上，考务会开得并不啰唆，还没放学，会议就结束了。我回到班，孩子们还没回来。

　　我在班上等了大约5分钟，孩子们陆续回来了。我问欢天喜地进教室的小林："主任都讲了些啥啊？"小林朝我甩了甩手，接着撇了撇嘴，摇着头回答我："唉，实话告诉你，说的都是正确的废话！"

　　我一听，乐了，说："你这不是捡着我的话嘛。"小林嬉皮笑脸说："我学以致用嘛。""其实嘞，你说得没错，"我拍拍小林的肩膀，故意叹口气，说，"唉，可怜的孩子，那些话都说了好多遍了，听着枯燥、无趣，又腻烦，可是又不得不听。"

　　听我这样一说，后面进来的女孩反而体贴地说道："其实也没什么，毕竟事关我们前途嘛，多说几次也是希望引起我们的高度重视。"

我朝她们竖了下大拇指，没再说话。心里却在想：明天第四节课，我再把这些正确的废话重复一遍，他们会多么的无聊啊。可是，要不强调，出了纰漏，我还真担待不起。怎么办？啰唆，孩子不喜欢；不讲，我失职。那么，好吧，既然孩子们以为那是正确的废话，听进没听进，重视没重视，我明天考考不就知道了。如何考？心念神动之余，有了主意，于是点开PPT软件，做起了课件，如下——

正确的废话

第一轮：抢答题

1. 中考期间，我们班的休息室在高中楼哪个班？
2. 25号和26号，早晨什么时间到休息室？
3. 25号和26号中午分别是什么时间到达休息室？
4. 中考期间允许带电子产品，比如手机、电子表到考室吗？
5. 除最后一堂考试完毕，两证自己保管外，其余考试完毕两证交回哪里？
6. 考试答题用哪种颜色的水笔？
7. 允许考生带哪种颜色的笔袋进考室？
8. 你知道每一门学科的考试时间吗？

第二轮：讨论题

1. 中考期间允许带水进考场吗？如果允许，怎么处理？
2. 考试前需要准备哪些考试文具？
3. 考场上，如果遇到答题卡或者试卷坏了，身体不适了，怎么办？
4. 考场上，如果遇到监考老师不讲理，态度不友好，怎么办？
5. 考试完毕，准考证可以乱丢吗？准考证有哪些作用？
6. 你觉得考试期间，带好纸巾、风油精、雨伞，是多余之举吗？
7. 你觉得考试完毕急着对答案会影响你的情绪吗？怎么做才更有利后

面考试?

    8. 考试前一天的下午，也就是今天下午，你认为怎么安排自己的时间更有利于明天的考试？

    9. 你觉得以什么样的状态离开学校是最有尊严的？撕书？尖叫？撒泼？哭闹？爆粗？垃圾遍地？笑容满面？整齐干净？彬彬有礼？

    设计的题目都是考务手册上要求的内容，教学主任也已经讲过了。校长之所以要求班主任还要再讲，实在是这个事责任比较重大，谁都不能在这件事中受到损害。我深深地理解领导心中的顾虑，但是，我也得考虑孩子的感受，照顾他们的情绪。十几岁的孩子，很不喜欢老师的啰唆，也不喜欢老师一本正经地说教，枯燥无味地讲述。他们想要的是老师能认可他们的感受，客观地陈述事情，有建设性地帮助，有趣味地传递信息。其实，他们更喜欢的是，把他们所知道的信息由自己传递出来，然后得到大家的认可，这样，他们很有成就感。

    上午第四节课，我去上课的时候，说："这节课，按照学校的要求，两个任务。其一，宣讲明天考试的注意事项；其二，布置试室（我们的教室要用来做试室）。"孩子们听我这样说，"哈"地干笑一声，问我："又要讲正确的废话？"我抿嘴，不置可否地一笑，说："你们觉得呢？"快嘴小袁接嘴道："你要讲就讲吧，反正我们耳朵都听起干茧了，有抗体了。"我坏笑，看了大家一眼，说："我不讲，既然是废话，干吗要我讲，这不是害我吗？既然小袁刚才说耳朵都听起干茧了，我倒好奇了，那你们来讲，我来听，看我的耳朵能不能听起干茧。"

    说完，我打开PPT，屏幕上显出"正确的废话"几个字。孩子们一看，"咦"的一声，问我："啥东东？"我故意睁大眼睛，不置可否，打趣道："就是正确的废话啊？你们不认识啊？可别临到要中考了，连这几个简单的字都不认识了，那真是太悲催了啊。"

    孩子们闻言，立即踊跃，大声答道：正确的废话。"对了，你们说的是正确的废话，"我嘿嘿一笑，说，"这节课，我们用15分钟来讲昨天的'正确的废话'，你们说，我来听。第一轮，采用抢答的形式，注意哦，踊跃且正确的抢答，23号下午的毕业联欢上，将得到我特别的礼遇。"孩子们一下子就沸腾了，打了鸡血似的吆喝着，"好啊，好啊，赶紧看看是什么题啊？"看着他们上钩了，我不动声色地说:"急什么啊,机会大大的有,第一轮没抢着,还有第二轮的讨论题,凡是积极参与讨论的,一样可以得到我特别的礼遇。"孩子们更加激动了,纷纷要我赶紧翻页,他们要开始抢答了。

如我所料,孩子们表现出了空前的激情,纷纷抢答,答得有错误或者是不太完整的,别的同学赶紧纠正和补充。我则推波助澜,故意揶揄(我平时喜欢跟孩子们开玩笑,孩子们很享受我捉弄他们),把孩子们说得笑声连连。

讨论的时候,孩子们不仅谈出了利,也说出了弊,并且还提供了更合理的建议。比如我们用过的各种资料,何去何从?孩子们都否定了撕书以及把资料在校园里乱丢的行为,提议大家把不要的复习资料送给5班卖钱(5班从初一就在搞勤工俭学)。我肯定了孩子们的观点,并且采用了他们的建议。放学后,孩子们把不要的复习资料都送给了5班,以至于感动了5班一个同学,找到我硬是要帮我们班干活,未免却之不恭,我请他帮着拖了地板。

15分钟到了,孩子们的讨论热情还没消减。我打着停止的手势说:"正确的废话复习完毕,效果不错,我有百分之百的理由相信,今天,明天,以及今后,我们都会很美好!因为,我们给了生活美意,生活必定给我们美意!"令我有些意外的是,我的话声一停,孩子们给了我雷鸣般的掌声。

说到这里,我想补充一下放学后我们年级发生的一件事。

那阵子还有三个小孩在教室里做最后的保洁,忽然听到外面有呵斥的声音。跑出教室一看,惨不忍睹啊:楼下纸片满地飞。德育主任在发火,班主任在呵斥,保洁阿姨在抱怨。我的孩子们,把教室收拾得一尘不染,桌椅摆放得整整齐齐,不用的废纸全部送给了5班,然后,笑容满面、彬彬有礼地地跟老师们打着招呼回家了。

艾岚心语▼

一件原本很乏味的事,何以我能收到比较好的效果?原因是我照顾了孩子们的感受,洞悉了他们表达的欲望。同时,我把信息的传输者,也即我自己,变成了热情的听众,把信息的拥有者,也即孩子们,变成了信息的输出者,巧妙地将孩子们脑中零散的信息进行了整合与加工,从而让他们觉得

"正确的废话"也是蛮有趣的味。教育其实本身就很有趣味——每一件小事都充满着无穷的乐趣！关键看老师和孩子怎么玩出味道！

　　还有，老师在执行学校任务的时候，不可盲目死板地照搬，而是要进行变通，以孩子能接受的方式传递给他们。比如上述关于"正确的废话"，孩子们已经听过很多遍了。虽然事关他们前途，但在他们心里，他们也不小了，难道连这么些小事情也做不好，值得反复讲吗？心中本来就抵触，还要死搬硬套地讲一遍，只会引来孩子们的厌恶。这个时候，老师就必须要有变通意识以及变通能力，把枯燥无味的东西变成有趣好玩的东西，孩子们一下子就跳进去了。既玩得很嗨，又把这些枯燥的东西记住了，真是一举两得。就好比一些药丸，没有糖衣的，味苦，孩子们不愿意吃，但如若裹层糖衣，孩子们就欢天喜地吃进去了，教育不也是这个道理么？

第四辑

怎么爱才是学生所需要的?

莲韵九班性格揭秘及对策

教过莲韵九班的老师对孩子们做出了"情商高"的评价。对此，我持反对意见。

如果莲韵九班的孩子情商真是高的话，他们的生命状态就会积极，他们在各方面都应该取得较好的成绩。事实上，这两年来，失败的阴影总是笼罩着他们——成绩在年级押后不说，各项活动也拿不出手，文明班的称号基本没戏。

这究竟是怎么一回事呢？还是得回到性格上面去。

周一班会课，我发了47份调查表，出示了40组性格测试题（百度搜索，不在此赘述），还发了两张A3纸，内容是关于性格分类和各类性格潜在优势与局限。

今天，回收46张表格。我认真翻阅并统计了，孩子们测出来的结果除1人跟我的观察有出入外，其余都印证了我的推测。

16个绿色性格。想想看，莲韵九班的孩子脾气该是多么的好。有16个环保型的人坐在里面，说什么听什么，老师当起来多省心。

13个红+绿性格。这可是百搭性格，接纳度和幸福感都相当高的一群人。你说，这样一群超幸福的人坐在教室里，他们能惹什么事出来？

5个蓝+绿性格。明摆着有5个喜欢思考的孩子，可他们性格之中又有绿色进行了分解，所以思考力和执行力都打了折扣。由于有绿色性格做辅助，所以他们即使有什么不满，也不会轻易发作，仍然是好脾气的孩子。

一个班级，占有绿色性格的孩子多达 34 个（还有一个孩子没交表，估计也是绿色性格），怎么可能闹得起事呢？他们最怕的就是麻烦，最不想的就是得罪人，别人说什么，就是什么，从不顶嘴，也懒得顶嘴。所以老师们就会误认为他们情商高。

6 个带黄色性格的孩子。其中一个是"黄+蓝"，这个人就是朱雅婷，不论是搞学习，还是搞体育，都带着一股子狠劲，所以成绩斐然。另外一个是黄+红，可惜的是，这个孩子的性格劣势特别明显，几乎把优势呈全面压倒的局面。因此他很急躁，也有些极端，说要放弃，那是非常的决绝。另外 4 个则是红+黄的性格，虽然有目标，也渴望成功，但因为主色性格是红色，所以他们总体还是非常的贪玩和情绪化，学习上冷热病非常之严重。

6 个偏红性格。其中 5 个是开放度比较高的红色性格，一个是有些压抑的红色性格。总之，莲韵九班有了这些红色性格的孩子，才没有成为一潭死水。

懂得了性格元素。我们就会明白，为何有时候遇到某些班，班主任费尽心思，倾尽所有，也没有带出特别突出的成绩来。而有时候遇到的一些班级，班主任连番几招下来，就拿出了比较好的成绩呢？这并非是班主任有多的厉害（真正专业的除外），而是碰巧遇到了班上健康黄和健康蓝的孩子比较多，推动起来就容易，并且成效显著。我曾经遇到过这样的班级，我一进班，两周下来，就发生了天翻地覆的变化，比如意搏班。我也遇到过与此相反的班级，一年下来，倾尽所有，满脸长痘，身心受损，也只是推动了一小步，比如涅槃班。班主任都是我，又都是中途接班，为何有这样的天壤之别？皆因班级性格差异使然。

那么面对莲韵九班这种性格结构，我该怎么来带动他们呢？

总体策略：

处在前面的我使劲拽（强势的外部拉动），处在后面的我使劲推（放大招进行鼓励，并且是持续不断），偶尔"皮鞭"伺候（声色俱厉的批评，毫不退让的惩戒）。

分别对待的策略：

对绿色性格的孩子，少批评，多表扬。虽然绿色性格的孩子脾气好，也怕惹麻烦，但他们会屏蔽他人的言说。不信，老师们可以做试验，你反复批评一个绿色性格的孩子，开始他是害怕的，但批评得多了，尤其是啰里吧唆的批评，他们就会左耳进右耳出，甚至连耳朵都不进，你看他听得似乎很认真，叫他起来复述一遍，他一个字都说不出来，只会愣愣地、胆怯地看着你。你急了，问他，他只会说三个字：不知道。

还有，绿色性格的孩子畏难情绪很严重，一旦失败就特别容易退缩，因此，对这些孩子，我们在给他们任务的时候，要把大任务分解成小任务，逐个解决，他们才会有成就感。一旦绿色性格的孩子爱上学习，学会学习，他就会很主动，即使有时候偷懒，稍加提醒就好了。但如果绿色性格的孩子失败得太久，他们就极不自信，并且特别容易退缩，如果家长不跟紧，老师又放任，这些孩子会成长为超级大懒虫！

关于蓝色性格的孩子，放心好了，他们的执行力和规则感都很强，并且又善于思考，所以蓝色性格的孩子普遍都会成为那种"不操心，又不伤心"的孩子。莲韵九班几个蓝色性格的孩子都是班里相对比较优秀的孩子。不过，这类孩子特别渴望得到他人的认可和尊敬，一旦他觉得他的所言所行得不到他人认可和尊敬，他们就很容易受伤，他们会在心里反复地纠结自己究竟哪里没做好，然后就会把责难指向自己，当然情绪就容易走向负面。蓝色性格的孩子一旦陷入负面情绪之中，是很难挣脱出来的。所以蓝色性格的人自杀率是最高的。

对黄色性格的孩子，很简单，鼓励他们，推动他们，成全他们。莲韵九班没有纯粹的大黄色性格，所以急躁、极端的孩子就没有。虽然朱雅婷的主性格是黄色，但她有蓝色做辅助性格，加上家庭教育很成功，她自身脑子很聪明，目标又清晰，因此，她是一个非常健康的黄色性格的孩子，我一点都不担心。我担心的倒是具有黄色性格成分的嘉豪。他这一路走来，很不顺利，所以他内心是非常暴烈的，好在他还有红色性格做辅助，所以他还能自寻开心。因此心态还是蛮健康的，他是吃软不吃硬的有些压抑的硬汉。老师们跟他交流的时候，一定不能随便越界，对他保持客观和理性以及适当的距离是比较妥当的做法。

至于红色性格，那就更需要多表扬了。因为这种性格的孩子，快乐是他们活着的最大动力。因此，他们喜欢搞事找乐子。老师们老是破坏他们的快乐，他们就会心生怨恨，然后整个人像一摊烂泥似的颓废不前。他们很好鼓动，一针鸡血打过去，马上就热血沸腾，但又很容易冷却，因此，要时不时地给他们注血，一旦满血，他们就精神百倍。他们做事不动脑子，老爱挑事，班里违反纪律的孩子，多半都是他们。因此，对他们又要严加管教，即便是声色俱厉地批评了他们，甚至老师怒极动手打了他们，只要事后老师放低身段，真诚道歉，他们也会不记恨，更不会因此寻短见。蓝色和黄色性格倒是容易走极端。

艾岚心语▼

　　了解是教育的前提，这已经是教育的基本常识了。可是很多老师并不知道怎么去了解自己的学生，尤其是学生的性格，只能凭借观察做一个感性的结论。这当然不能科学地指导老师教育学生。那么如何了解学生的性格呢？我建议老师们一定要阅读性格方面的书籍，比如《中国人的性格密码》《积极的九型人格》，以及乐嘉的《色眼识人——性格色彩入门》《色眼再识人——性格色彩读心术》等。我个人比较推崇乐嘉的性格色彩方面的书。与其他谈性格的书相比，乐嘉所提出的性格色彩是站得住脚的，但他的书读起来又比其他谈性格的书有趣，案例性很强，这对刚走进性格心理学的老师帮助是很大的。

　　我了解孩子们的性格，以及指导他们搞清楚他们自己的性格，无非是要帮助孩子认识自己，找出自己性格上的优势和劣势。优势部分，发扬光大，劣势部分，积极整改。性格都是天生的，无所谓好坏。但个性则是后天的，可以修持。决定一个人命运的，不是性格，而是个性。因此，看见孩子们性格之中的优劣，帮助孩子存优去劣，才是一个教师对学生真正的爱！

成长不易，小心呵护

晨读的时候，八年级 7 班的班主任李老师找到我，说我班有几个小孩打了她班一个林姓男生，挨打的男生认识其中一个男孩，名字叫唯唯。

我听李老师说了这个情况后，返身进教室，平心静气地组织大家背诵和默写。唯唯则惴惴不安心不在焉地背诵和默写。我装作没看见，吆喝后面的孩子帮我收默写纸笺。唯唯身旁的阿坤忍不住了，一副"一人做事一人当"的架势说："人是我打的。"我转脸看一眼，莞尔一笑，收起孩子们的默写纸笺轻快地离开了教室，然后忙着去开科组会了。

开完科组会，正好是第一节下课，我赶紧回到教室，悄声对唯唯说："你把事情的起因、经过、结果写给我。"唯唯点头。

没多久，唯唯交给了我一张小纸条，我即刻输进电脑，并且做了批注，然后打印出来，利用课间时间交给唯唯，说："请你仔细看批注，然后按我的批注要求把我想要知道的答案写在空白处。"

到了下午，唯唯交来了我给他的那张 A4 纸。看得出来，态度很诚恳，写得很详细。从上午的概述和下午的答案，我把事情弄了个一清二楚，还原如下——

某节电脑课上，唯唯跟阿坤觉得很无聊，阿坤就建议玩扑克纸牌，开始是输了打手板。后来阿坤觉得不过瘾，建议玩点刺激的，那就是赌钱。唯唯开始不情愿，但禁不住诱惑，就同意了。

几番玩下来，阿坤说唯唯输了 600 块钱。唯唯听说要付给阿坤 600 块赌资，顿时吓尿了。心想要是家长知道了，肯定要挨揍；要是钟老师知道了，肯定会觉得他是个不安分的小孩。他决定自己欠下的债务自己还，可是自己又拿不出600块，于是他把债务转嫁给他的好朋友，也就是林姓男生身上，但事先并没有跟林姓男生沟通。

阿坤这个没头脑的家伙，喜儿蹦蹦地去找林姓男生要钱。哪知双方沟通不畅，言语不和，阿坤烂仔脾气就起来了，顺手打了林姓男生两耳光。

这件事显然是阿坤挑起来的。他是赌博事件的策划者，是打人事件的执行者。

说起这个阿坤，故事可是有些多。

就前几天，月考的时候，他竟然在考语文的时候翻语文书，答案没有搞到一个，反倒被监考老师做了记录，被学校发了通告。由于学校做了严肃处理，我没有再揪着不放，只是在班上意味深长地跟他说了一句："你就是考个个位数回来我也不会责怪你，何必冒这样的风险呢？把人品都搞坏了。"

如果仅从上述几件事来评价，阿坤就是一个烂仔。但你若真懂他，阿坤的心地其实是很善良很单纯的。他是典型的红色性格，只是在他身上，红色性格的局限掩盖了性格本身的优势，比如他情绪波动很大，很鲁莽很冲动，又容易轻信，做事拈轻怕重，又很贪图享受，粗心大意，杂乱无章，容易原谅自己，不吸取教训，说话少经大脑思考，脱口而出……

总之，红色性格的局限，他是条条都占了。

对这样的孩子，批评通常无效，指责只会火上加油。那怎么办呢？轻易不要惹他生气，即使惹了，也要想办法逗乐他。因为红色性格活着的最大动力就是快乐。

接下来就是收服他。这当然是要等待时机的。

今天就是一个绝妙的时机。他打人倒是容易，但是要把事情摆平，就非得靠我不可了。

为啥？林姓男生横空遭了敲诈，还挨了白打，自然是气愤不过，回家跟父母哭诉了此事。家长听说自家孩子挨了打，非常气愤，要求孩子的班主任立即处理此事，今天之内必须给他一个交代，否则就要报警了。

我问阿坤，是等着人家报警由警察来处理呢，还是钟老师我亲自出马当个和事佬，大事化小小事化了呢？

阿坤当然巴不得我出面摆平此事。因为惊动警察就意味着要惊动他的家长，惊动家长，尤其是惊动他的父亲，就意味着有一顿"干笋子煸牛肉"吃。

我说好，作弊的事咱们就翻篇了，反正学校已经处理了。但是关于赌博这件事，你是策划者，并且还把唯唯拉下水了（唯唯的心智比阿坤稚嫩）。成年人赌博，被派出所抓住了，一般是这样处理的：先是没收赌资，接着拘留，最后罚款。现在我问你，赌资呢？我要没收！

阿坤赶紧申辩："我一分钱都没拿到，我不找唯唯要钱了。"我笑笑，说："要吧，要了也要充公，咱们班费紧张。"阿坤发誓说不要钱了。

"罚款呢，"我说，"算了，你又挣不到钱，罚也罚不出，再说，不能你违了法，我也跟着违法呀。"

"拘留呢，"我笑着说，"我也没这个权力，不过劳役肯定是要做的。惩戒你扫两周教师办公室，没意见吧？"阿坤赶紧承诺："愿意，愿意。"

"赌博事件算是了结了，但是你打了人家，这下人家的家长要报警，咋办呢？"我故意显得忧心忡忡地说。

阿坤叹了口气，说："不知道。"

我说："我似乎教过你们事情发生后首要的是解决问题，把双方的损失降到最低，绝不可以为了解决老问题而产生新问题。这件事，你想轻松化解，你必须听我的。"

阿坤这一整天已经被搞得焦头烂额了（下午还被级长弄去"审讯"了一节课），哪里还有什么主意。

"你听好，我告诉你怎么做！"我郑重地说道，"等下我找李老师要了林姓男生家长的电话，我拨通。如果是男的，你就恭敬地叫叔叔；如果是女的，你就甜甜地叫阿姨。不管对方说什么，你就说，我打人不对，我错了，我明天跟林某某真诚地道歉。注意啊，不管对方火气多大，你都要忍住，因为错在你，你除了认错，没有资格生气发火。"

阿坤点头应允。

我立即去找李老师要了林姓男生家长的电话，拨通，是个女的，想必就是妈妈了，我做了简单的自我介绍了，同时也说了阿坤打了她孩子，已经认识到错误，要在电话里头亲自给她道歉，说完，我把电话递给阿坤。

阿坤果真如我所教导的那样，甜甜地叫了声阿姨（红色性格转变比较快），然后就认错道歉。但是电话那头的妈妈得理不饶人，很气愤，说话语速非常快，说得阿坤根本没办法插嘴。我站在阿坤旁边，不断示意他，不要生气，态度要诚恳，要不断地说自己错了，要表明自己的态度，明天要亲自给林某某道歉。阿坤照我所说，不断地承认错误。但是，林母确实太能说了，也太气愤了（理解，儿子是母亲的心头肉，在学校挨了打，自然气得心疼），说着说着就扯到阿坤父母身上了。我看阿坤气得捏紧了拳头，但还是竭力忍住没有爆发。于是赶紧小声说："告诉阿姨，钟老师跟她讲话。"

阿坤闻言马上说："我班主任要跟你说话。"说完就把话筒递给了我。

我接过话筒，那边的妈妈还在叽里哇啦快速地责备着阿坤及阿坤的父母。我以比她更快的语速说道："你好，我是钟老师，我的学生已经深刻认识到自己的错误了。明天我会亲自带他去给你孩子道歉。我也是母亲，我深深地感受到了你心里的痛苦，打在儿身，痛在娘心，我感同身受啊。我以我的人格担保，阿坤这个孩子人品还是不错的，他绝对不会对你的孩子不利的。你尽管放心，你孩子的人身安全在光明中学肯定能得到保证。非常抱歉啊，特别对不起，今天这个事就暂时说到这里，明天向孩子道歉，好吗？"等那边的妈妈刚说"好"字，我立马补充一句："那好，再见啊。"说完赶紧挂了电话。

我的妈呀，遇到个太能说的主儿。还好，我比她更能说，不然今天就难以脱身了。

电话打完，阿坤已经先我一步出了办公室。我走出去，他竟然在走廊上捏着拳头呜呜哭。我关切地问："怎么啦？"

"她骂我父母，"阿坤号哭着，"我错了，我认罚认骂，但是不要骂我父母啊。"

我拍着阿坤的肩膀说："你打了她孩子，她骂你父母，扯平了。"

阿坤哭得很伤心，我不再劝说。等他哭到慢慢抽泣的时候，我说："今后做事要动脑子。作弊的事，赌博的事，打人的事，咱们处理完毕，就翻篇了，不要随意惊动你的父母，给他们留点面子。"

阿坤"嗯"的一声答应着，抹了把脸，说："老师，我去洗把脸。"我说好，洗把脸就去教室写作业啊。

阿坤一边抹着泪一边走去卫生间。看着他的背影，我真是百感交集。今天有老师说，那阿坤就是人品坏，竟然还赌博，还打人。我承认，阿坤的行为确实不可取，但这只是个行为而已，干吗要跟人品挂钩呢？谁小时候没犯过一点错误呢？孩子不能理解大人，难道大人还不能理解孩子吗？我们毕竟经历过啊，我们自身不就是这样跌跌撞撞成长起来的吗？

事后，阿坤给了我写个条，说我是老天送给他的礼物，如果这个学期没有遇到我，他肯定就成了废物。

艾岚心语▼

所谓思维方式决定行为模式，价值体系决定处理方式。阿坤之所以成为"坏"孩子，很大因素是因为他有一个懦弱又溺爱他的母亲，有个强势又暴躁的父亲。也就是说，阿坤有一对巨婴父母。他们看不到孩子生命中的亮色，孩子的生命能量被他们的消极言论与错误行为遮蔽了。如果他的父母能够改变，阿坤肯定有明显的改变，关键就在于阿坤的父母已经是成年人，并且成长得确实不理想。这个时候，班主任把所有责任都转移给家长，事实上确实是家长的责任，问题是家长能处理得好吗？因此，我一贯的作风是，家长靠谱，当然要指导家长如何提升自己利于孩子成长。但如果家长不靠谱，就只有老师冲锋陷阵去帮助孩子成长了。如何帮助阿坤这样的孩子摆脱生命中的黑暗力量呢？说理、训斥、恨铁不成钢几乎都是情绪性的无效做法。真正有效的方法就是老师要看得见他这个人的各种感受，并做出及时的准确回应，让他充分地感受到老师对他的关爱与尊重，同时还要让他在班级中享有存在感。

真正的看见

初三年级跳绳比赛，莲韵九班勇夺年级第二名，拿到了他们进入初中以来最好的成绩，一时间忘乎所以，集体狂欢。

有孩子又狂喜又疑惑地问我："老师，为什么你一来带我们，我们就能进年级前三？"我反问："以前最好的成绩拿到年级第几？"

"最好一次是年级第五。"有孩子接话。

"我们为什么能拿到第二？"活动结束后，我问孩子们。

"团结。"孩子们异口同声。

"没错，团结是取胜的主因，"我笑着说，"除了团结还有什么？"

"技术好。"有孩子说。

我摇头，说："要说技术，各班都不相上下，技术，不是这次决战的关键因素。"

"那是什么？"孩子们疑惑了。

"是我们积极的生命状态！今天的比赛，每个参赛的队员都全力以赴。我在比赛之前说过一句话，天才是一种积极状态！活动也好，学习也罢，都是需要状态的。你的生命状态萎顿，迷茫，不知所措，无所事事，那你必然什么都干不好！"我面带笑容，缓缓说道。

站在我的角度来反思这次活动，除了孩子们被激发出来的空前的团结精神和积极的生命状态外，我这个班主任的态度很重要。

在组织大家下楼的时候，我在班上就很豪气地说："这次活动，我们大家开心就好，结果不是我最看重的。"

我这句话一出来，当即就赢得了孩子的鼓掌叫好。

接着我又说："我今天想要看到的，是我们班上每个同学敢于拼斗的生命状态。至于比赛的结果，抛一边去。"

我刚说完这句话，张孔伟就接话了："就是，咱们开心就好，管它什么成绩。"

孩子们"呀"的一声看向我。我笑笑，说："最终结果虽然不是我们重点关注的对象，但如果我们以一种积极的状态去对待这次活动，顺便又取得了好成绩，那当然好。努力了，没有取得好成绩，我们也无憾。"

孩子们点头赞同，于是开心地呼啦啦下楼去了。

比赛的时候，我这个场外指导非常卖力。跳得好的，及时表扬；跳得不甚好的，不断地激励和进行技术指导；失误的，没有批评和指责，只有安慰和鼓励。正是因为我追求过程的积极态度和对待结果的平和态度，把孩子们的潜力激发了出来。

这次活动的取胜，告诉我一个道理。当我们的孩子长期遭受失败，自信心严重不足的时候，老师积极的生命状态和对待结果的淡定态度极其重要！当老师自身拥有积极的生命状态，才能去激发孩子的生命状态，而当老师能够对最终结果保持淡定的态度，孩子们犯了过失才不会轻易指责。这样一来，整个局面就会慢慢朝向美好！

一句话表达，那就是，积极培育，静等花开！

活动结束离最后一节课下课还有15分钟。我让孩子们回了教室。有些孩子不满，说："别的班都在外面玩，我们为什么要回教室？"

我笑笑，说："回教室玩更好玩的。"

孩子们跟着我回教室玩什么好玩的？

当然是他们从来不曾玩过的。我相信很多班主任都用过这一招，我在我以前带的班级中也用过，但莲韵九班从来没有过，这些孩子没有这种体验。这也告诉我们，方法新旧不重要，重要的是这些孩子有没有见过。从来不曾见过的，对他们来说就是惊喜。

我走进莲韵九班的第一天，就安排了孩子们填写信息表，其中就涉及孩子们的生日。我说，从这个学期开始，每个月都要搞一次"创意生日"活动。凡同月生日的，咱们都一起过，目的很简单，就是大家一起找乐子。

9月份的生日活动是班长张文芳策划的。虽然是第一次策划和组织，显得很不成熟，但孩子们仍然很开心。

之后我对文芳说："10月份生日的同学特别多（8个），我来策划，给大家一个惊喜，今后你们才知道什么叫创意。"

于是我悄悄地跟要过生日的同学家长联系，请他们选两三张孩子两三岁的照片拍好发给我。当我说明了我的意图，家长们都相当的感激和支持。

我将8个孩子幼时的照片做成精美的课件，并且还做了动画效果。

接下来，我为8个小孩拍了照片。关于照片，前文有述，为了给这些缺乏自信的孩子拍照片，我费了些周折。然后将照片做成视频，有字幕，有动画效果，也插有生日祝福歌。总之，是很漂亮的视频，他们以前也没见过哪个老师将自己班同学的照片做成视频集。

这些准备工作做好后，静等跳绳比赛的到来。我最初的想法是，孩子们胜了，搞个生日庆祝锦上添花。如果孩子们输了，正好利用这个生日庆祝活动给他们的心灵洗个澡。

效（笑）果当然是出奇的好！我在做这个活动策划的时候就预知到这个效果了——毕竟是窥探到了同班同学幼时的情态了嘛，孩子们的好奇心是很重的。

在第一个环节"猜猜TA是谁"中，孩子们看到自己同学的神表情和神姿态，那就是一个爆笑接着一个爆笑。

第二个环节观看视频，面对已经从幼儿长成大孩子的同学，并且仍然脱离不了神表情和神姿态，孩子们又是一阵大笑。看着看着，不由自主跟着生日祝福歌唱了起来。

最后，我邀请8位寿星老爷出场，拥抱了他们，并祝他们生日快乐。孩子们看到这番局面，纷纷离位拥抱自己的同学。整个教室，笑声盈盈，幸福飞蹿。

这样做的目的只有一个：让孩子们从现在开始，以一种积极的生命状态去面对自己的生活、学习，以及成长中的种种烦恼和阻碍。越努力，就越幸运！

艾岚心语 ▼

　　没有爱，就没有教育。这已经是人人皆知的教育常识了。关键是，怎么爱才是学生所需要的？我一直秉持的观点就是：看见！看见学生的各种感受，看见学生的各种付出，看见学生成长之中的点点滴滴，然后做出及时准确的回应。比如孩子考试失败了，我就会及时看见他失落的表情，颓丧的心情，我就会拍拍他的肩膀，柔声说，需要我帮忙吗？然后再说，你现在不是我的骄傲，但你将来一定是我的骄傲，我相信我的眼光，也相信自己的专业能力。再比如说，孩子考试失败了，心情没有受到影响，但我看见了他考试失误的原因，我就会找到他，告诉他怎么学习效果会更好，怎么做题，更能举一反三，通过这样的指导，孩子就很容看到自己的进步，成就感、自信心就出来了。爱孩子，就要在满足孩子正常需要的同时，对孩子进行合理的管理与正确的指导。没有真正"看见"，所谓"为你好"只是教育者的一相情愿，甚至还会物极必反。总之一句话，爱不是仅靠嘴巴说出来，一定是要靠行动做出来，并且是以孩子喜欢的方式做出来。

如何对待性格偏激的孩子？

有人问我:"莲韵九班的向往怎么样？我说，很好啊，是一个很有想法的小孩。"

那人再问:"他不是很偏激吗？"

我说:"以我看，我觉得一点也不偏激。他只是比别的孩子活得更加清醒一些，或者说思想早熟一些，眼界开阔一些，也可以说比大多数孩子激进一些。"

有一次，我指导莲韵九班的孩子做了个简单的人生规划，很多孩子都想在30岁的时候有个幸福稳定的家庭，或者是开公司当老板。唯独向往的人生规划很长——16到60岁，言辞非常激烈，严格地说，当初还吓了我一跳。为此我还专门请某名师阅读了，请他谈谈看法，某名师说这孩子其实是在求关注，内心缺乏安全感。虽然我一直很敬佩某名师，但我还是不赞同他的看法。附向往的人生规划书——

我的人生规划书
向往

近期：16~20岁，努力学习种种社会学，无论是对的，还是错的，并提出疑问。

中期：21~33岁，一边学习，一边运用自己的思想影响别人，让别人知道我的理想——在乌托邦的基础上建立自由、民主。

31~40岁，寻找社会的弊端，然后加以研究，再对其进行主观的放大，让其他人认识到这些弊端。同时将我研究出的现象、理论加以实施。

长期：41~50岁，让越来越多的人开始反思这个社会，并同时影响更多的人。

51~60岁，反叛。如果失败，我并不害怕死亡。准确地说，我反叛的目的并不是为了推翻社会，而是以我的死，让人们认识到社会的现实，然后我坚信在未来，被我影响的人一定能去改变世界——EL PSY CONGROO。

成功的真正条件并不是懂得成功的真理，而是能否意识到。比如身处逆境时能否意识到这是逆境。如果无法意识到才是真正的空谈。对那些失败却称自己处于逆境，但又不知道是因为无法意识到逆境才造成这般状况的人，我不但不会去帮助，我反而会去压榨他，剥削他，直到他死为止。

经向往本人同意，原文录入。在此，我不对向往的人生规划书做文字以及内容上的评价。我只是想表达一句：我读初三的时候，无论如何做不出这样的规划！

有一天向往问我："老师侮辱学生人格怎么处理？"

我当时的答复是："首先，我个人没有处理权限，甚至我连跟大家商讨如何处理的权限都没有，所以我确实不知道该怎么处理。我只能这样建议，如果这个老师真的侮辱了学生人格，学生可以向学校提出申诉，要求学校对其行为进行处理。通常情况下，教师首先要用职业道德标准对自己进行自律，但有些老师确实不能自律，那就要靠行政手段进行约束了。"

说完，我提醒向往："我记得上次处理唯唯跟小宏打架之事，你说如果遇到有辱尊严、有伤身体的行为肯定是要反击，但即便要反击，也要看对方的人品，如果对方的人品没问题，你可能会据理力争，甚至也会动手打一下。但如果对方的人品很差，你除了维权之外，一定要远离这种人，你不屑于与他动手。我蛮赞同你这个观点。"

向往嘴一撇，说："我想，如果真正让我处理的话，我会用更加恶劣的手段。"

听到这里，是不是觉得这个想法很可怕？

其实，没有那么可怕！他只是有些嫉恶如仇罢了。想我当学生的时候，还偷偷地想把某老师拉出去毙了呢。

为什么我敢这么笃定向往的思想虽然有些偏激，但绝不可怕呢？好吧，我终于承认他有些偏激了，那又何妨呢？他跟捅杀滕老师的小龙完全不同。向往有积极的价值观，向往的内心是向外敞开的，向往喜欢直率地表达自己的观点，向往有健康的朋友圈，并且男女都有，向往喜欢参与班级乃至年级管理，向往的规则感非常强，向往还非常勤奋，很有温度，对每个女生都很尊重友善，最主要的是，向往有一个不错的爸和非常好的妈。

我从来不认为偏激的孩子就是另类，相反，他一直在努力地维护自己原创的模样，他还没有被这个极其功利的社会变成盗版。

有句话叫作"人不轻狂枉少年"，可是放眼望去，现在有几个中学生还能针对社会的不良现象发出自己的声音？他们热衷的就是在网上聊天和打游戏！有几个中学生还能面对师长发出质疑的声音？他们巴不得只带一双耳朵来听，左耳进右耳出！有几个中学生愿意走上街头去关注弱势群体，去做一次义工？他们关注的只是自己的小确幸。

我所理解的偏激，就是行为上端正，但思想上能够颠覆常识，能够违反常规，能够与众不同。同时，眼里有人，心里有敬畏。这样的偏激，值得提倡，老师更应该对此持宽容的态度。如果我们的老师连孩子们与众不同的思想都不能包容的话，那我们常常挂在嘴巴边上的"对人要宽容"就是一句鬼话！

其实我的这番话也有些偏激。我年轻的时候也被很多人认为偏激，甚至认为品质不好（我把红领巾都拿来做了鞋垫，当然不好），但是，人生即将过半，回顾过往，我一直都没做过坏事，更没有恶意伤害过任何一个人。

艾岚心语▼

向往特别喜欢看电影，尤其是日本的动漫。他给我推荐了不少的好电影以及看起来似乎很另类但颇能接受的书。由于他的作文风格偏于日漫风，我虽然很欣赏，但从应试的角度来讲，很难拿到高分。不过，令我非常惊喜的是，他中考的语文成绩竟然得了A。由于数学考试失败，加上没有深圳户口，向往去了一所私立学校读高中，不过还好，他读得蛮欢乐的。2016年教师节来看我，特意送了我一本《为奴十二年》。听说他立志要去日本留学。祝福他的人生一路花开、高歌猛进！

  身为教师，尤其是班主任，一定要有一颗兼容并包的心，不然就很难接受班上那些个性突出的孩子。同时，班主任也有一颗高度敏感的心，能准确地洞察到孩子内心的真实想法。班主任作为学生成长的指导者和领路人，因此还要形成多维的价值观以及开放的思维模式，唯有这样，才能善待每个孩子，欣赏每个孩子。而这一切都基于对师爱的正确理解。

教师，也是播种的农夫

早上，王境浩拖地，只拖了教室前门口和后门口。

我笑眯眯地说："小王，你这拖地，怎么只拖前门口和后门口呢？这就好比你洗脸只洗脸颊，粗看干净，细看就有问题啦。"小王笑呵呵地看着我，点头赞同我的说法，脸上还露出陶醉的神情，但屁股就像用502胶水粘在椅子上一样纹丝不动。

我笑意不减，沉声喝道："怎么坐着不动？你的执行力呢？"王境浩这才恍然大悟，满脸笑意，无比陶醉地"哦、哦"起身拿拖把拖地去了。

周边的孩子看他傻呵呵的样子忍不住笑出了声。

类似于王境浩这样的小孩，莲韵九班一抓一大把。如果我甘心维持现状的话，我会很轻松，除了每次考试数据出来不好看以外，教室外面的人是看不出这个班级有什么问题的。但我偏偏就要打破现状，要倒几瓢滚烫的开水下去把这群处在舒适区的青蛙给逼跳起来。所以我累，我忙！不过，我喜欢，我乐意，我毫无怨言，我甚至甘愿被误解，甘愿受委屈，谁又能把我怎么样呢？我还是那个说起话来铿锵有力，做起事来风风火火，骂起人来凶天霸道，示起弱来温柔婉转……的女人，或者叫女教师。

陶行知先生在《创造宣言》一文中说："教师的成功，是创造出值得自己崇拜的人；先生之最大快乐，是创造出值得自己崇拜的学生。"说实话，我有这个野心，我就是想教出让我崇拜的学生。

只是，野心容易生长，实施却是困难重重！尤其是面对莲韵九班这一群幸福感极高，成天呵呵傻乐的孩子。

再难也要播种，我相信种子的力量！

于是趁孩子们读书的时候，我在屏幕上打出一串字：人生要有四个"力"，分别是：自控力、执行力、思考力、扫除力。

关于自控力，我用了一节班会课做了专题阐述，并且支了一些提升自控力的招给孩子们。我还利用自习课找科代表悄悄地记录了孩子们在自我控制这一块的表现，多次评估之后，得出了这样一个结果：

自控力很强的有：陈宇凌、向往、朱雅婷、李慧婷、温佳婵、麦婉童、何敏瑜、陈莹映。

心思浮躁的有：王境浩、丘舒晴、徐思敏、钟世怡、唯唯、胡雍俊、张孔伟、汪振宇。

爱干扰他人的有：刘梓坤、晨雨。

易受干扰的有：黄嘉豪、付万缘、梁柱辉、阿根、胡晟、李正权、胡雍俊。

其余同学表现可上可下，要看班级的氛围而定。

至于扫除力，我也做了专题阐述，孩子们当时听着特别惊讶，因为他们之前从来没听说还有"扫除力"这个说法，但我有图有真相，加上我现身说法，所以孩子们就信了，并且很喜欢，那之后，教室打扫得都非常干净，各自的桌盒收拾得也比较整齐。

而思考力和执行力则没跟孩子们讲过，所以就有孩子问我，什么叫执行力。我就笑着说："比如刚才，我跟小王说，只扫了教室前门口和后门口，小王闻言马上起身就去拿拖把拖那没拖的地板，这就叫执行力，可是他只幸福地望着我，陶醉地听我说，身子骨一动也没动啊，这就说明他的执行力很弱嘛。大家可以根据自己的表现对号入座啊，看看自己的执行力咋样？"

孩子们听我说完，没有再反问，而是若有所思。

"至于思考力，"我说，"我一直在强调'思考力决定竞争力'，就拿咱们班为例，凡是不需要动脑筋的作业，你们都乐意做，凡是不需要思考的问题，你们答得声如洪钟。可是，凡是需要动脑子的活，你们就温柔地拒绝，老实地拖延，柔顺地屏蔽，各位扪心自问，我说对没？"

孩子们都不好意思地笑了笑，有孩子小声地答道："说对了。"

"我们班在学业成绩上落后，跟大部分同学拒绝思考有很大的关系！"我严肃认真地说道。

今天这四个"力"并非我心血来潮打在打在大屏幕上。我每天早晨进教室，第一件事就是拿起扫帚扫地，不是帮孩子们扫，是我自己喜欢扫，我相信扫除力，我在用我的行动告诉孩子们扫除力的魔力。其次是在大屏幕上打出一串要么励志，要么启智，要么育心的话，等早读结束后与孩子们分享其中之精髓。

我一直相信种子的力量，更相信孩子是可以影响的，所以，自接手莲韵九班以来，我就不停地，不懈地，在孩子们的心灵空间撒播美好的种子，我坚信，总有一天，这些种子会生根发芽。

艾岚心语▼

讲完"四个力"之后进行了期中考试。考试结束后，很多孩子都欢天喜地跑来告诉我："老师，今天的作文我写你了。"我反问："写我干什么？"接着我又警惕地问："什么题目？"孩子们得意地说："题目是初三有你真好！"事后我审阅孩子们的答题试卷，竟然有三分之二的孩子把我作为了写作的材料，满试卷都是认可，这再一次证明，孩子们不是发不出美丽的芽儿，而是忽略了精心地播种！教育教育，从字面意思上，有教，有育。所谓"教"，就是老师把对学生的要求告诉他们，然后指导他们怎么有效地落实，简单说，就是知识的传递，道理的传授。所谓"育"，那就是播种，老师必须要精心地、真诚地、艺术地将利于孩子们成长的种子播进孩子的心田。只教不育，只能算是经师，既教又育才是人师。

给学生写封信吧

小邱，上周四晚上，你妈妈给我打电话，说你晚上回家心情很不好，既不说话，也不做事。你妈妈问我你是不是在学校犯事了，言语之中异常焦虑。我非常肯定地告诉你妈妈："周四一天，上午在上课，下午在考试，我一直在学校，没有看到关于你的任何不妥行为，也没听到关于你的任何不良风声，何来犯事呢？"

可是你妈妈很不放心，反复问我家住哪里，一定要来拜访我。也真是巧了，那个时候我正好回家，经过你家小区。你妈妈听说后，一定要我等着，她要出来跟我说几句话。

先是你妈妈带着你的妹妹出来了，接着，你爸爸也出来了。你妹妹可真是个活泼可爱的人儿，你的父母呢，也是老实本分、通情达理的人。我很喜欢你的家人，虽然平凡普通，但真诚善良。

我告诉你这些，是要你知道，你的父母，并非是要找我投诉你什么，而是担心你，想要获得我的帮助。这是对你的爱，也是对我的信任，所以，我很感谢他们能够向我倾诉他们心中的烦恼与不安，而你，也应该感激他们为你所做的种种努力，即便在你看来不一定是对的，但他们的动机肯定是充满爱意的。

你妈妈的担忧是什么呢？

她说，你不喜欢跟他人讲话，这个他人也包括你的父母。也没有朋友圈。成绩也不理想。做事也很拖拉。也不出门玩，不上学就宅在家里，玩手机啊，看电视啊，跟妹妹小争小吵啊。她说，这样下去你怎么办呢？毕竟你是要长大的，要进入社会的，要娶妻生子的，连跟别人说句话都不敢，你还能做什么？

你妈妈的担忧并非没有道理，千万别怨她跟老师讲了你的情况。你想想，她自己的儿子，她的心肝宝贝疙瘩肉，她多么希望你能健康快乐地成长，可是现在，她看到她的儿子并不开心，她心里的痛楚可想而知，她除了跟我倾诉还能找谁（她跟我说过，她第一次来开家长会，就觉得我是值得她信任的老师）呢？

而我，是你的老师，教者父母心，我又怎么可能对你置之不理或者因此轻视呢？

你爸妈甚至担忧你是不是有心理疾病，还说曾经也带你去看过心理医生，结果你无论如何都不开口说话，弄得心理医生也没招，最后只得放弃。

也别怪你爸妈这样想啊。如果我自己的儿子出现了一些与常人不一样的表现，我也会胡思乱想的。这个胡思乱想的背后是深切的关爱。

事实上，你确实跟别的孩子不一样啊。

莲韵九班的孩子超有幸福感，课间的时候，他们有事没事都在扎堆傻乐，可你一个人总是独坐一旁恍若隔世。我教你两个多月了，你没主动跟我打一个招呼，说一句话，问一个题。我也没看到你跟哪一位同学同进同出。我每天看到的就是一个形单影只的小伙子默默地坐在教室里，等着时间的流失，然后背着书包回家。

但我一点都不奇怪你跟别的孩子不同，我反而觉得，与众不同的孩子总有他特殊的才华存在。每个与众不同的孩子，都是上帝遗留在人间的天使。

所以，我非常明确地告诉你爸妈，叫他们不要担心，对自己的儿子一定要充满信心，因为，你是一个非常健康的小孩！不论是身体还是心理，都是正常的，也是健康的！

我这样说，可不是忽悠你跟你的父母！我有充分的证据证明你是一个心理健康的小孩！

第一，虽然你从不主动跟我讲话，但我上课的时候，凡与你目光对接的时候，我都能看到你眼睛里有温暖的光波。

第二，我主动跟你讲话的时候，你虽然说得很小声，但从不拒绝跟我互动。

第三，凡是我看向你，跟你说话的时候，你即使不言语，也总是满脸笑意。

第四，每次我抚拍你肩膀的时候，你都不抵触，甚至还挺享受。

第五，当我对你的进步表示欣赏的时候，你笑得很欢，虽然你在竭力压制，但仍压不住你心里流淌出来的快乐。

第六，我给你安排任务的时候，你虽然口头上不做应承，但都点头认可了，并且一旦点头都努力去做到了。

小邱，就凭这六点，我足以认定你是一个健康的小孩。因此，你不要想多，更不要听信某些医生的说法。

要我说，凡是接收到他人友好信息的时候，脸上有微笑的人，心中必定有美好！何况你眼里还有温暖的光波！

不过，你在尊重自己内心需要的同时，可以做一些调整，让你自己以及你身边的人，尤其是你的家人，过得更幸福一些。下面我提出几点供你参考。如果你觉得有道理，你就拿出你的勇气去改变，去过一种更加美好的生活。如果你觉得没说到你心坎里，你一笑置之。或者是，你觉得很有道理，但现在做起来有些难，也不要为难自己，成长是需要时间的，只要你心中不放弃那个最好的自己，终有一天，你会找到那个最好的你。

1. 每天放学回家，主动跟父母沟通。跟他们讲你在学校的乐事或者糗事，讲老师，讲同学，讲你的烦恼，都可以。毕竟在这个世界上，最爱你的人是你的父母，给他们信心，少让他们担心，这是你做儿子应该尽的孝心。

2. 喜欢并接纳你的妹妹。你的妹妹好可爱，天使一般。当你把她当天使了，你就变成了神一样的哥哥。你跟妹妹玩，跟她交流，这样就可以帮助你打开人际交往的通道。这个妹妹跟你有没有血缘关系不要紧，要紧的是她跟你一起长大，今生今世，她都是你的亲人。

3. 交一两个靠谱的朋友。朋友不是从天而降的，而是要去留心寻找那些跟你价值观趋近的人，这些人让你觉得真诚，能给你带来成长的元素，那么，这些人就值得你交往。你可以走近他们，主动跟他们说话，与他们一起玩，或者是做最忠实的听众也行，跟在他们后面玩也行，总之，有一两个真正的朋友是很必要的。在我看来，一个孩子，没有朋友比成绩差还可怕！

4. 做事情尽可能快一些。如果茫然无序的话，你可以准备一个本子，将事情按照"重要又紧急，紧急不重要，重要不紧急"来分类，首先保证"重要又紧急"的事情提前完成，再快速完成"紧急不重要"的事，最后以一种从容的心态来完成"重要不紧急"的事。特别提醒，再不紧急也不要拖，凡事能提前做好，有备无患才会胸有成竹，紧急关头才不乱阵脚！

5. 别给自己太大压力，接纳现在的自己。每个人都是独一无二的个体，别去羡慕他人，你可以成为最好的自己！

小邱，我知道你其实在努力地成长，你的每一点进步我都有看到，我一直在给你点赞。我非常期待毕业时，能看到一个自信、阳光、开朗、上进的小邱！

最后，请你记住一句特别重要的话：脸上有微笑，心中有美好！你是一个非常美好的孩子，遇见你，就是美好！

艾岚心语▼

　　这是我给孩子写的一封信，文辞恳求，语意真诚。就我个人的性格来说，我更喜欢与孩子们玩笑、调侃，直言不讳。但作为老师，不可以只根据自己的性格爱好来做事，更多的是要根据学生的性格来针对性地做事。比如对那种性格内向、不善言辞的孩子，我不会强求他们改变，我会采用写信的方式与孩子进行细致入微的交流。我相信文字的力量，文字是抵达一个人内心最好的途径。尤其是那种缺乏走近老师的勇气，但内心又渴望引起老师关注的孩子，适当的时机，老师递给他们一封情感真挚的信，他们一定会当作宝贝，会反复阅读，会在内心对老师生出浓厚的感激之情。这有利于师生关系的重建，也利于激励孩子的斗志。我平时还喜欢用小纸条与孩子们交流。怎么操作呢？准备一些漂亮的便利贴。看见某个孩子不高兴，写一两句话，问问孩子情况，表示老师的担忧。某个孩子取得了好成绩，来不及当全班孩子的面表扬，先写个小纸条称赞一番。总之，小纸条传递的是老师对学生的"看见与关爱"。很多时候，孩子对老师的需求，仅仅是你能关注到他。

如何给学生讲听得进去的道理?

今天第八节是2015年最后一节班会课。此时此地,我想把老师的身份抛开,以一个年长者或者说经历者的身份跟孩子们谈谈。我的态度是:有道理,听进去,然后落实到行动上;没有道理,左耳进,右耳出,甚至屏蔽。

1. 关于我自己

2015年,我特别忙。上年带初三,下年还带初三,并且家里还有高三生。但是当学校领导安排我来带你们时,我毫无怨言。

除了忙,我还很累。周一到周五,在学校上班。两个班的语文教学,还做班主任,工作量非常大(来深圳之前,我从没有教过两个班的语文)。每天早晨6点50分准时到教室,晚上7点回家。吃过晚饭稍作休息就开始写作,睡觉前还要读半个小时的书。周末则是全国各地讲学,几乎全年无休。除此之外,还要参加网络研修,带网络研修团队,在网络论坛上开专栏,经营自己的微信公众号,还有自己的工作室,里面有20来个成员要我进行专业指导。

就是在这样忙和累的情况下,2015年,我出版教育著作3本。另外,承诺给莲韵九班写的书也已经写了将近12万字。开发的"男女生的生命成长课程"已成体系,寒假要写的新书《新入职班主任专业成长百宝箱》已经拉起框架。

别以为我是一个只知道工作的无聊无趣的工作狂。事实上,我是一个热爱生活,也很会生活的人。《花千骨》我追了,并且还用此材料做了一堂精彩的女生班会课。《琅琊榜》我也追完了,我还会用此材料做一堂精彩的男生班会课。大家推荐的电影,诸如《末日崩塌》《移动迷宫》《分歧者》《教父》《蜘蛛侠》《钢铁侠》《星际穿越》《猩球崛起》《X战警》《侏罗纪公园》等,我都看过。除这些大片外,那些满屏小清新的电影我也会关注。比如《栀子花开》《我的少女时代》等。

2015年,我很忙,也很累,但我很欢乐。因为我很充实,很有成就感,我喜欢努力的自己。

2. 关于开玩笑

我从不反对开玩笑。我觉得一个连玩笑都不会开的人,太无趣了,太不好玩了。人生无趣不好玩,活着还有什么意义呢?

不过,玩笑可不是随便开的。这里面有很多讲究。

首先,弄清楚开玩笑的底线,那就是:在不伤害自己的基础上愉悦他人!

其次,记住开玩笑的边界:①有伤自己和他人身体的玩笑不开;②有辱自己和他人人格的玩笑不开;③有损自己名节的玩笑不开;④容易让他人产生歧义的玩笑不开;⑤不要跟性格怪癖的人开玩笑;⑥庄重场合不要随意开玩笑;⑦不了解情况不要随便开玩笑。

复旦大学的林森浩为何要毒杀他的室友黄洋?这里面最主要的原因当然是林森浩的人格、性格都存在很大问题。但黄洋自身有没有问题呢?从很多资料上看,黄洋是一个性格开朗、热情、大大咧咧、没心没肺的男孩。他经常调侃林森浩,致使不善交际、不喜言谈的林森浩怀恨在心,最终造成了不可补救的惨案,毁掉了两个年轻人的性命,也摧毁了两个家庭。说起来实在是太可惜,太痛心了。

我这样说,并不是要吓着大家,今后连个玩笑都不敢开了。我的意思是,玩笑肯定要开,怎么开呢?跟非常熟悉的人开,跟心胸开阔的人开。开口头玩笑,口头上的玩笑容易左耳进,右耳出。不要用书面形式开玩笑,书面的东西,一旦被别人留下来,那就是抹不掉的证据,尤其是在QQ群里,朋友圈里,人家一截屏,铁证如山。现在大家是朋友当然没事,万一因为某种利益牵扯,不是朋友了,那么,人家完全有可能将你的那些不当玩笑晒出来,你的名声肯定会遭到玷污，到时跳到黄河都洗不清（我说这段话是有深深的用意的，为保护孩子，个中内幕打死我都不说的）。

3. 关于旁观

所谓旁观，就是将自己置身事外，看别人忙碌。有些时候，我们确实需要做旁观者，但更多的时候，我们必须是参与者！没有参与，就没有体验，没有成长，这是最大的损失！莲韵九班，这样的旁观者为数不少！衷心希望那些生命的旁观者，试着置身事中，动脑想一想，动手做一做，动脚跑一跑，你会发现生命实际上充满了魔力，只要你勤奋，魔法棒就一定握在你手中！

4. 关于学习

一个人缺乏知识，年轻的时候，并无大碍。只要身体好，找个糊口的工作，尤其是在深圳，根本不成问题。但是40岁以后，如果没有知识，很难再发展，没有后劲，严重缺乏竞争力！

不管是考普通高中，还是选择读职校，根据自己的实力做出正确的选择，都是值得尊重的。我要提醒的是，不管你做何种选择，你都不可以放弃学习！在学校当然是以读课本为主。课外，就应该读一些滋养灵魂的书，或者是提升技能的书。网络游戏，QQ聊天，刷朋友圈，这是生活的一部分。读书读累了，读烦了，肯定可以玩，但不要沉迷，走得进去，也要出得来！

之所以在2015年的岁末特意谈这几点，实则是孩子们缺乏这些东西，或者说在这个方面确实存在不足。所以，趁此唠叨一番，但愿，这些肺腑之言能够摁开一些同学的生命成长按钮！

事后我问莲韵九班一些孩子，我说这样的话会不会觉得我在说大道理？因为我个人很不喜欢说"正确的废话"，同时我也怕孩子们厌烦。可是孩子们竟然说，说得很好啊，很真实啊，它就是这么个理啊，就是以前没有人跟我们这样说，我们才傻了两年啊，现在我们很后悔啊。我明白了，做老师的，说真话，说人话，就算啰唆了点，孩子们也是喜欢的。

艾岚心语▼

  我一直提倡班主任要做个"不讲理"的老师，意即不给学生讲大道理，而是要落实到行动上，把事情做出来，才有资格说话。但事实上，完全不讲道理是不可能的。教师的职责是教书育人，教书要给孩子阐明知识之间的道理吧，育人更要通过嘴巴告知孩子们一些必要的道理，或者是必须习得的价值观吧。古时候的老师，主要是通过讲道理来传递知识的，尤其是孔子，道理一个接着一个，说得学生心服口服。这就说明，道理一定要讲。关键是在什么时候讲？在师生关系非常友好，学生对老师有信赖感和依赖感的时候讲学生就很容易听进去。怎么讲？设身处地、语重心长地讲，语气要柔和，语调要婉转，语意要走心。说接地气的真话，说真实的人话。还有，说话的时候不可以指责听话人，要让听话的人有安全感，听话人才不会心生厌烦。如果说话人能够从自己说起，说自己的时候要注意，不要高调炫耀，而是告诉听话人，自己其实也是挺难的，就很容易赢得听话人的共鸣和同情。我建议一线班主任可以看看"奇葩说"这个综艺节目，学习那些个"奇葩"们有趣的说话方法。当然，也可以阅读《好好说话》这本书，里面归纳了许多说话的技巧，当你读完之后，你就会觉得，把话说好其实是一种很重要的本事。只要把话说到学生心窝里，哪怕你说的是所谓的空洞的大道理，学生也能听得进去。

说服和说教的区别

"老师啊,初三的生活好无趣啊。音乐课没了,美术课也没了,社团活动想都别想。体育课呢,唉,那简直就是找死的节奏,不是高抬腿,就是深下蹲,偶尔还搞个劈叉扯个腿。好不容易盼到一节信息课,以为可以放松下了,一看那些学霸们还在忙碌地刷题,心里那个酸痛啊,想死的心都有!"

"每天的大课间都下去训练,真的好烦,不是仰卧起坐就是跑步跳楼梯,一点新意都没有,我都快麻木了。"

"体育老师当我是飞人啊?跑不动那是我的爆发力不强嘛,我的腿短嘛,我的肉身沉重(肉身这个词语肯定是学我的,呵呵)嘛,竟然还遭各种白眼与嫌弃。打个篮球吧,要按规定动作出球,不然要扣分。分,分,分,什么都跟分扯上,太没趣了。不想去练篮球了。"

"每天到学校,就是背书、刷题、讲题;晚上回到家,背书、刷题,还要听老妈啰唆。生活一成不变,烦死。"

"每天都要考试,我一看到那满篇的题目,眼睛就花了,脑子就短路了,手脚就僵硬了。我就像个瘫痪病人一样,磨蹭到考试结束,也没搞出几个正确答案出来。"

…………

这是孩子们跟我闲聊时,据说是因为信任我而跟我讲的真心话。

我绝对相信这是真心话,因为孩子们跟我讲真心话不冒险嘛。再说了,孩子们讲的这些情况，我也是看在眼里，记在心里。他们正在经历的事，我曾经经历过，个中滋味我很清楚。不同的是，我以为他们比我幸运得多。因为，他们遇见了我，我是一个习惯制造美好的人！

我承认，孩子们到了初三，压力确实很大。尤其是现阶段，各门学科的内容已基本讲完，已经拉开架势进行全面复习了，加上莲韵九班的孩子基础普遍薄弱，需要填补的漏洞实在太多，所以他们确实是应接不暇，牢骚抱怨就在所难免了。

只是，我可以左耳进右耳出吗？

我有必要厉声斥责他们"早知今日，何必当初"吗？

稍有经验的老师都知道，不可以！

孩子们欠下的知识债务，只有慢慢偿还。这需要时间，更需要耐力和毅力。我最怕的不是难以偿还，而是孩子们在短时间内看不到效果而放弃；在平淡烦琐的常态生活中变得麻木而自甘沉沦。

在此，我只想跟莲韵九班的每个孩子说，对于大家的种种感慨，我感同身受。你们正在经历的，我已经经历了，所以我懂得个中苦楚。对你们，我深表同情，我可能帮不了你们多少忙，但我可以做到理解、尊重，不对你们进行恶意折腾。

下面，跟大家厘清几个问题。

首先说，我们每个人每天的生活都是一种常态生活，我们不可能每天多巴胺爆表，我们不可能每天回肠荡气要死要活，我们也不可能每天在仙界摆蟠桃宴狂欢，在人间游戏风尘潇洒……我们必须回归常态，我们的身心才会平衡！

其次，我们还必须看透一个事情：这种忙碌、单调的常态生活，难道只有你们才拥有吗？告诉你们，所有历经中考和高考的孩子，过的都是这样的日子。据我所知，有些学校的孩子，周六还要全天上课，晚上还要上晚修，这些劳苦，你们有吗？深圳市区里大多数孩子放学和周末都有请家教，有些孩子甚至还有三四个家教，请问你有吗？别怪富二代拼爹，人家的爹地就是比你的爹地强，你已经输了一成功力，你还不努力，请问你的儿子今后拿什么去跟人家拼？

我承认，我们的作息时间安排得确实有些吓人。

早上7点10分就得进班，一坐就是到12点。下午2点进班，一直要干到6

点40分，实在是太辛苦了。除了遭受心灵的重压之外，还要遭受肉体的锤炼。这简直就不是人过的日子！

但是，你要明白，全中国所有的孩子，只要你参加中考，你就得经受这些压力。这没什么好说的。你可以关注日本的小孩，看他们累不累。你也可以关注下美国的中学生，他们是不是传说中的很轻松？（建议读旅美学者薛涌的书，他在美国学校就职多年，对美国的教育可谓是了如指掌。）

我说过，对于你们所经受的压力，我都理解，但是，对于一些同学的自甘堕落，我也很痛心。特别说明一下，我这里所说的"堕落"与品德无关！莲韵九班的小孩，没有一个是品行不端的。我所说的"堕落"，是指那种不求上进的心态，那种拖拉懒散的行为，那种胸无大志的狭隘，那种妄自菲薄的卑微，那种扎堆傻乐的无知。对号入座一下，班里是不是有好多这样的人？尤其是男孩居多！

再扪心自问，你们忙碌而单调的常态生活里，我对你们可丧失过信心？我对你们可曾厌弃过？我对你们可随意指责过？

每天早上，是谁早早到班上开着灯迎接你们？

每天下午的延时课，是谁在教室隔壁守候着你们（有特殊情况我才会提前离校）？

你们肯定会异口同声地说，这个人是艾岚同学吧。

没错，这个人就是我。我以为教师送给孩子最好的礼物就是陪伴，所以，我尽我所能陪伴你们度过这段辛苦的青葱岁月，不论你们明年给我一个什么样的成绩，我都不会抱怨，我只愿这段岁月积极上进、安然静好！

虽然你们体训辛苦，但我以一个中年之躯也仍然参与其中。你们跑步，我也跑步，甚至还不要命地跟你们比拼，以至于搞得我全身疼痛，连下楼都得扶着楼梯蹒跚而行。你们被体育老师要求去跳楼梯，我也亲自去跳楼梯，初跳时，我的小腿肚酸痛得连上楼都抬不起了。我身边的朋友喷我，说我是个傻子，40几岁了还跟小孩混，竟然还混得腰酸背痛腿抽筋。我真心觉得我不傻，因为和你们在一起我很快乐。我获得了快乐，这份快乐还是美女帅哥赐予的，并且没有花一分钱，我明明是赚肥了，我哪里又傻了呢？搞不懂那些人的鬼马逻辑。

我这样做究竟是为了什么呢？是我出风头吗？是我故意来感动你们吗？是我在做给别人看吗？都没有！我只是想让自己在这种单调的常态生活里有一丝生

机,有一丝乐趣,有一丝好玩。当然,最重要的一点是,我的心态变得年轻了,我能够体会到你们的感受,我能够按照你们想要的那个样子来走近你们!

孩子们,跟你们交了这么多心,其实是想告诉你们一个"惊世骇俗"的观点,害怕吓倒你们,所以前面做了很多铺垫。这是个什么观点呢?

那就是:在常态之中变态!

从今天开始,我们师生,都要变态——改变心态!

把压力当动力,把辛苦当快乐,把无聊当有趣,把忙碌当充实,把学习进程缓慢当作夯实基础,把所受的各种苦楚当作"天将降大任于斯人也,必先苦其心志,劳其筋骨,饿其体肤,空乏其身,行拂乱其所为,所以动心忍性,曾益其所不能"。

最后再说一句,如果你想成长得更好,找到最好的自己,最好当一个"变态狂"!"人不轻狂枉少年",可要记得这句话哦,我可是反复提醒过的。

艾岚心语▼

说教和说服的区别在于:说教只管把道理说出来,至于是否适合对方并不重要,是否触动对方改变想法也不关心。说服则是引导对方认识到自己存在的问题,搞清楚自己的真正需要,促进对方改变自己的行为以达到更好的效果。那么怎样的说服才算走心,能够让学生听进去并且心甘情愿去实行呢?

1. 站在对方的立场,告诉对方,你所经历的痛苦,我也经历过,我们是一路人,这样的话语一出来,孩子就特别有安全感,焦虑和防备心理就会减轻。他会想到,原来不止我一个人遇到类似的情况,他的心就朝说话者打开了。

2. 客观地、理性地、温和地跟对方分析利弊。把这件事坚持下来,确实会吃苦受累,但是到头来有收获。放弃这件事,虽然落得短时的快乐,但事情始终没有得到解决,痛苦始终都存在。大多数孩子都是明事理的,只要老师真心诚意地陈述利弊,孩子还是听得进去的。

3. 既然分析了利弊,孩子也接受了老师的说法,那么老师在最后就应该表态，告诉孩子，再苦再累，老师都跟大家在一起。其次是一定要告诉孩子怎么做。孩子心中有了方向，脑里有了方法，手上有了行动，再难的问题都能得到解决。

总之要相信，好的教育是文火慢炖的过程，是一个心灵触动另一个心灵的过程。教师，必须去做那个雪中送炭、饿中送食的人。

如何改变自以为不幸的孩子的心态?

接手莲韵九班不久,一个叫阿根的男孩引起了我的注意。注意他是因为英语老师用极其惋惜的语气跟我说:"九班男孩中,成绩最好的就数阿根了,可惜他心态不好,初三肯定要下滑的。"

英语老师是从初一带着阿根上来的,她的预测果然准确。9月份初三第一次月考,阿根由八年级期末年级第30名,下降到年级第41名。本以为只是暂时失手,哪知第二次月考的时候,他竟然由第41名下降到第84名。一个既不违反纪律,又不逃学罢课的孩子,并且还有着牢固底子的孩子,为何会节节败退?

英语老师说得一点没错,阿根的心态确实有问题,并且有非常严重的问题。

首先,他口口声声表示很讨厌数学老师,数学课上无心听课,初一初二知识难度不大,靠他的聪明还能hold住,到了初三,知识难度陡然增加,阿根的数学成绩一下就掉下来了。

其次,他每天都说自己很烦,很累,很没精神。观其行,他确实没有小男孩的朝气与天真。

再其次,很难看到他的笑容,也很少看到他跟其他同学嬉笑打闹。我经常看到他下课之后一个人站在走廊扶着栏杆发呆,给我感觉就是一个精神雾霾很严重的人。

他对我这个语文老师并不讨厌,甚至还颇为喜欢(据他父亲与小姑反映,他对我非常的赞赏),他也非常积极地完成语文学科的背诵任务,但他的语文成绩很不理想。原因并不难找，因为他从小学到初中，除了语文课本，几乎没有读过一本书。所以他的语文素养极其匮乏，他的语感能力也很差，写作和阅读对他来说相当的困难。

语文不是他的强势科目，数学又一落千丈，物理和化学又没学到顶尖，成绩下滑就不难理解了。

阿根出现这一系列的问题，我有没有重视？有没有想办法帮他走出困境？当然是有的。比如他对数学老师的种种误解，我专门找他深谈了，也消除了他对数学老师的偏见，但他给我坦陈，数学有些知识点已经听不懂了。我特意就此事建议他家长给他找家教补一下，家长当我面答应得好好的，但事后水了。

我还特意针对莲韵九班的孩子，尤其是像阿根这种心灵特别干涸的孩子，设计了一套"养心课程"。每天中午都要注入生命的养料对他们的心灵进行润泽，以此来松软那些板结的心灵。

经过不懈地努力，阿根，以及其他很多孩子，心灵滋润了很多，生命状态比最初的时候积极、阳光多了。阿根的状态也比之以前好很多，他还信心满满地说期末考试一定要找回他遗失的美好（他八年级的年级名次）。

可是，最近一两周，阿根的颓废、忧伤、无力、困乏又出现了，并且非常的严重。

以他这样的状态，期末考试肯定是难以找回"遗失的美好"了。在我看来，这份"遗失的美好"暂时找不回来没什么大不了，毕竟6月份才中考，一切都还来得及。关键就在于，阿根丢失的不是成绩，而是他那颗奋发向上的积极心啊。

他究竟遇到了什么事情？他的心里究竟在烦什么？我必须得找阿根聊天了，哪怕碰到他的心灵禁区，我也得试一试了，俗话说"不入虎穴焉得虎子"嘛。

之前找阿根聊过很多次天，他并不是一个不开口的孩子，相反，他很喜欢跟我讲他的烦恼和不满。只是，我自己设定了边界，那就是一旦涉及他父亲的婚姻状况，我就止步了。我希望的是等到有一天阿根真正信任我了，由他自己告诉我他的家庭状况，以及他父亲的婚姻状况。而不是我强势介入，逼他讲出他不愿意示人的隐私。

找来阿根，我表示了对他当前状况的担忧，说："我不知道如何才能帮到你，因为关于你的情况，我一无所知，我没有能力帮助一个我完全不了解的人。如果你信得过我这个老师，也相信我能帮得上你的忙，那么，请你告诉我，你目前的处境。"

时机确实是成熟了，我拿捏得很不错。阿根的话匣子打开了，他给我讲了让我感到匪夷所思的家事。

他的父亲婚姻关系非常混乱，严格地说，现在已经是四婚了。他是父亲第一桩婚姻生下的孩子，大概三四岁的时候，父母离婚。母亲远走，杳无信音，他从来没有得到母爱，甚至连跟母亲拥抱的记忆都没有。父亲呢，不断地结婚生子、然后离婚，然后再结婚生子。只要下一段婚姻出现，上一段婚姻里生出的孩子必被抛弃。

阿根是被父亲在感情上抛弃的孩子，他有家不能回，只能跟着奶奶住在伯伯们上班的企业宿舍，并且是单间。阿根没有属于自己的空间，只能在奶奶宿舍的拐角放一张单人床，用布帘子围起来。

小时候还不觉得，可是长大了，尤其是现在青春期来了，阿根迫切地希望能有一个独立的空间，可是，没有这种可能。所以，他非常的烦心。加上奶奶喜欢吃剩饭剩菜，又喜欢把一些杂物放在他的布帘子里，这样一来，他的空间就更窄了，写个作业都没地方。奶奶还超级自信，很强势，很武断，总喜欢刷存在感，只要反驳她一声，她就非常恼火，然后就吵架。经常吵架，没完没了，心里特别烦！

还有长期跟奶奶住，又爱跟奶奶吵架，所以两个伯父心里也不高兴，总是责备他。偶尔去一下爸爸家，那个同父异母的小弟弟吵死人，并且爸爸还经常招人来家里喝酒，也很吵。后妈不敢惹他，也不理睬他。再说，他的那个后妈贼邋遢，特埋汰。

总之，他就是一个长期被忽略，没朋友，不自由，老吵架，被呵斥的一个无关紧要的人。

我问阿根，家里有没有真心疼他，并且懂他的人。他告诉我，只有他的小姑最理解他，他跟表哥也处得很好。寒暑假都在姑妈家里住，只是姑妈住在南山，读书期间是没有办法跟姑妈住在一起的。

阿根还跟我说，他们家并非深圳本地人，而是从安徽宿州迁过来的。首先小姑来深圳打拼，扎稳脚跟，然后大姑、大伯、二伯，以及他爸爸、爷爷奶奶都从老家来到深圳。来了就不愿意回去了，因为老家条件太差了，爷爷前几年过世了。他还说，他没什么理想、梦想的，更不要说什么追求自我价值的实现，他现在想的就是今后有很多钱，然后有很多朋友。

听完阿根的讲述，说实话，尽管我已经教了 25 年书，自认为经历了大风大浪，心已经硬如金刚石了，但我仍然难受得一句话都说不出来。我抚着他的背，久久不愿挪手，心里真的好痛！

事后我跟阿根的小姑通了电话。阿根小姑几乎是带着哭腔跟我讲述了阿根的种种可怜遭遇——比阿根说的还惨。说完，她还拜托我，今后跟阿根爸爸说话，千万不要给他客气，就单刀直入，对他这样的人渣，犯不着太委婉！

阿根小姑跟我承诺，一定要多关注阿根，并且下个学期准备搬到公明（光明新区管辖的一个镇，离我们学校很近）来住，给阿根一个家。

听到这里，我的心算是安了下来。阿根虽然不幸，但他又何其幸运！他的姑母，有爱心，有责任，有见识，能担当，并且非常懂得青少年的内心。他姑母的婚姻状况也非常好——嫁了个美国人，经营得非常顺遂。

阿根的后勤算是得到了保障。只是，阿根的一些认知偏差，我还得帮他梳理。不然，他始终搅在这些混乱的认知中难以自拔。

于是我列了一个清单。第七节的体育课，我让阿根到办公室找我，跟我并排而坐，清单摆在他面前。

1. 父亲的婚姻关系很混乱。

我问："你父亲的婚姻关系已成事实，你能改变这个状况吗？"

阿根摇头，说："没办法改变。"

我说："既然无法改变这个事实，那就顺应它。怎么处理婚姻关系，是你父亲的事，不是你的事！你管不了，也不必管，你只需要现在当好学生，今后当好父亲就 OK。"

2. 奶奶总是吃剩饭剩菜。

我问："奶奶多大年龄了？"

阿根说："60 多，接近 70 吧。"

我说："一个 60 多，接近 70 的人，受过穷，挨过饿，哪里舍得把吃剩的食物丢掉呢？节俭已经融进她的血脉，你要她改变，这不是要她的命吗？"

阿根马上接着说："爷爷奶奶家以前还被抄过家。"

我说："对了，被抄过家的人，一无所有，现在好不容易过好了，更不容易忘记以前受穷的日子。"

阿根说："我奶奶说她手没力气，所以不想做饭。"

我说："那就是你的不对了。你作为孙子，你的奶奶手没力气，你就应该给她打帮手。我建议采取这样的策略：既然无法改变你的奶奶吃剩饭剩菜的习惯，你就顺应她。你喜欢吃就多吃一点，不喜欢吃就自己动手做。初三的男孩子了，要学会炒菜做饭洗衣服，而不是饭来张口还嫌饭菜馊，衣来伸手还嫌衣不净。"

阿根对自己还不会做饭之事表示了羞愧。

3. 奶奶总是把杂物放他的房间。

我问："你奶奶究竟放什么样的杂物在你的小间？是她捡来的废品吗？"

阿根说："就是冬天的那些棉被啊，可用可不用的东西，事实上深圳的冬天哪里用得上这些厚厚的棉被啊。"

我说："一个人，总是喜欢囤东西，总是担心用时没得用，这是什么原因？"

阿根真不愧是个很聪明的孩子，他稍作沉吟之后问我："是不是想要一种安全感？"

我笑着说："是啊，你奶奶被抄过家，经历过物质短缺的痛楚。她害怕有一天再失去，所以要囤积。你知道了这个心理就应该理解你奶奶的行为了，就让她囤吧，只要她囤得高兴就好。"

4. 奶奶总是很武断，超级自信。

我问："你奶奶60多，接近70，还很武断，并且超级自信，你想想，什么样的人才敢这样？"

阿根说："女强人。"

我笑问："你奶奶是女强人吗？"

阿根说："年轻的时候特别能挣钱，家里主要靠奶奶撑着。"

我说："年轻时特别能干，到了年老，漂泊在外，连自己的房子都没有，你不觉得她内心有失落，有痛苦吗？再说了，年老还在异乡漂泊，心里是没有根的。"

阿根说："所以她老是刷存在感啊。"

我说:"没错!她需要存在感。如果你真懂她,你就必须给她存在感。我建议,对你奶奶这种有过彪悍人生的人,你最好是心怀敬畏!"

阿根抿嘴点头。

5. 二伯心有不满。

我说:"你爸爸不负责任,把你甩奶奶那儿,增加奶奶的负担,作为你奶奶的儿子,为他的母亲鸣不平,你觉得这个不正常吗?"

阿根低头无语。

我说:"我建议你这样做,关于你爸爸与伯父之间的微妙关系,你最好装傻。你是小辈,不关你事,你只要有饭吃,有衣穿,有地儿住,啥都不说。还有,尽管你伯父对你偶有微词,但他每天早晨送他儿子到学校,也顺带把你送到了学校,这是恩德,你要记恩!"

6. 去到爸爸家,小弟弟很吵很烦。

我说:"我建议你试一试,把脸朝向你的弟弟,抱抱他,逗逗他,我相信,你会有新的发现,你心里会涌出爱的感觉。可是你,把自己关闭了,你对自己的弟弟不闻不问,那么,他也不会给你心情愉快的机会。"

说完,我问阿根,思路理清楚没?情绪找到归口没?阿根点头,说,还好吧,心里没那么乱了。

我说:"你纵然有千般不幸,但我还是觉得你非常幸运!你父亲的婚姻关系虽然混乱,你也有家不能回,但你没有受到你父亲以及后妈的虐待。你奶奶虽然不懂你,但她对你不离不弃。你每天早晨上学虽然没有父亲相送,但你的二伯从来没丢下过你。你还有一个非常聪明的头脑,所以你有修成学霸的机会。特别幸运的是,你有个特别懂你疼你的小姑,她是你的精神教母,并且还承诺资助你到美国留学!想想吧,当你在抱怨自己没有鞋穿的时候,还有人连脚都没有!总之,学会在不幸之中寻找幸运,然后,努力地生长,把自己变成一个幸运的人,再把你的幸运传递给自己的后代,以及他人!这就是老师对你最真诚的期望!"

我不知道我的努力对阿根有多大帮助,但我相信,我对他的关注,对他的重视,他心里是感到满意的。对孩子来说,不是老师的技术有多重要,而是老师真诚的态度很重要!

这篇文章梳理出来之后,我特意给阿根看了,问他,我可以贴出来,或者是今后出书了，我可以收在书里吗？阿根表示我怎么处理都可以。这次约谈之后，阿根的状态慢慢地好起来。中考成绩虽然没有冲进年级前30，但也考出了上初三以来最好的成绩。

艾岚心语▼

阿根是个脑子很聪明的孩子，数学成绩很好，这就意味着他的逻辑思维很强，对这样的学霸级孩子，如何同他交流才有效？

单纯的赞美之词就不要拿出来了，他会觉得浑身都是鸡皮疙瘩，他会认为老师不够真诚。感性的忽悠也不要出现，因为以他的聪明才智，他很容易发现其中的漏洞。道貌岸然的说教更不要摆出来，那简直就是把孩子推向了自己的对立面。还有，阿根的问题根源在家庭，因此，也不必违心地要求阿根处处为家人着想，当然，也没必要在阿根面前诋毁他的家人。比较稳妥的做法就是把阿根心里的疙瘩找出来，理性分析，逐个理顺，阿根自就会心悦诚服。像阿根这种智力超群的孩子，只要把心中的疙瘩解开，他就能拨开乌云见长天了。还有一点也需要注意，那就是尽量与阿根的家人，尤其是阿根的父亲进行深入且真诚的沟通，希望他们能理解并且善待一个少年的心，在这个关键的时间点上做些让步，让孩子顺利渡过中考这个关口。

告诉孩子，父母为何要控制你

中午，唯唯进教室有些晚（严格说没迟到，只是踩点到班，时间上不够从容），脸色绯红，步调匆忙。我疑惑地问他："中午在哪里午休？"他欲言又止，但最终还是告诉我说："在外面。"话声一落，就有三四个男孩此起彼伏地接口道："肯定是去网吧了。"还有一个男孩用铁定的语气说："他没去网吧我都不信！"

唯唯闻言神色一凛，怒吼道："去了又怎样？！"

我赶紧朝那些多嘴的孩子使眼色，说："唯唯心情不好，让他安静一会。"

说起唯唯心情不好，这个话就有些长。

唯唯成绩很不理想，学得非常艰难，但始终不见效果。他唯一可以拿得出手的就是画画。只要他在作画，我就能看到一个充满活力、充满生机的唯唯。只要一学语数外，我就只能看到一个九死一生、气息奄奄的唯唯。

上个学期各技校来招生，唯唯很想去读动漫设计，我也觉得这是唯唯建立自信，找到自己的最好方式，于是很支持他的决定。可是，他妈妈无论如何都说不通，说多了，倒显得我心怀恶意，所以只得劝唯唯安下心来好好读书，其他的，等自己翅膀硬了再说吧。

一模考试，唯唯考出来的分数很难看。他妈妈着急了，主动联系了一所职业学校，学制是五年大专，春季入学，专业是珠宝鉴定。唯唯妈妈还喜滋滋地给我打电话汇报此事，在电话里给孩子的未来做了无比精细的远景规划。我心想，难得唯唯妈妈开明，这下唯唯有好日子过了。

果然，我见到唯唯的时候，神采飞扬，自信满满。

开学的时候，唯唯来了。我问他："你什么时候去读你的珠宝鉴定啊？"唯唯笑眯眯地答道："过些天吧。"昨天，他还在跟体育老师说，他不参加中考了，他要去读五专。

可是今天，唯唯妈妈突然跟我说，9月份再让孩子去技校读书，中考必须参加！我委婉地将这个信息传递给唯唯，鼓励他安心读书，能学多少算多少。唯唯听到这个消息时，脸色特别难看，眉头皱成了"川"字，闷声回到座位，不再说话，不开笑脸。

看到这里，多数人都要为唯唯打抱不平，认为唯唯的母亲太不理解孩子，也太不支持孩子了，简直就是在毁孩子！

我是老师，我真的很支持唯唯去读珠宝鉴定这个专业。一则，这个专业本身就需要一定的绘画基础，唯唯他有这个基础。二则，唯唯自身很喜欢这个专业，做自己喜欢的事，才能找到成就感，也才会为之付出。三则，珠宝鉴定专业在其他小城市可能不热门，但在深圳这样的一线城市，需求量是很大的。再说了，唯唯各门学科的基础很薄弱，属于根本补不起来那种，加上身体矮小瘦弱，眼睛又做过手术，读高中很不现实，对他本人来说，也很遭罪，还有他自己根本不愿意走这条路。满足兴趣，扬长避短，做自己喜欢的事，这是最正确的选择。何况唯唯家里根本不缺钱，他不需要早早地为稻粱谋，干吗不尊重自己的内心，去做自己喜欢的事呢？

但是，作为母亲，我理解唯唯妈妈的做法。

我们都说，母亲的爱就是放手，就是为了更好的分离！没错，真正的母爱，在孩子3~6岁的时候，就应该培养孩子自我管理、自我控制的能力，然后逐渐放手，最后孩子才能展翅高飞。

问题就出在，当小唯唯需要母亲去培养他自我管理、自我控制能力的时候，他的母亲还不懂得这个道理，并且也没在他身边承担教导的责任。所以，唯唯的自控力非常差，并且严重缺乏主见，很容易被别人挑唆。犯了错误又不敢承担，因此特别喜欢撒谎以逃避责任。唯唯妈觉得这样一个对自己不负责任的孩子，放出去，遇到好的老师、好的同学，也许还能好好成长，一旦遇到无德之师或者是损友，唯唯马上就会变坏。

也许我们都会觉得事情没有唯唯妈妈想象的那么严重，但我们要相信一句话：知子莫若母！

从功利角度来说，我应该努力地劝说唯唯妈妈相信唯唯，放他出去读技校，我这边少一个人中考，均分不说抬高，至少不会被拖垮。但是，教育不仅仅只应对上面对我们的评估啊，我们还要面对自己的职业良心，以及孩子的成长啊！

关于唯唯妈妈存在的一些教育误区，我会跟她沟通，尽可能达成一致。但是，面对唯唯，我该如何说，才能消除他对母亲的强烈怨恨呢？

我以一个母亲的身份说了我儿子的事。我说："我从来没有因为上网的事斥责过我儿子，我更没有把网线拔掉以断绝儿子的网瘾，为何呢？因为我规定我儿子只能周末上网，并且是一个小时，他从来都严格遵守了这个规定。我也从来没有因为手机的事，指责过我儿子，更没有没收过他的手机，因为他从不乱用他的手机，上了高三，周一到周六，自觉地就把手机交给我了。我也从来没有管他跟朋友交往的事，我只跟他说了，交友一定要交三观正确的朋友，他现在交的朋友都很有正能量的，你说，我会去干涉他吗？我甚至从来没有管过我儿子的作业，这么多年，我从来没有收到他老师对他的投诉。我之所以敢对我儿子放手，是因为他给了我足够的信心！他用他的行动向我表明，他是一个具有自控力和甄别力的人！所以你一定要明白：控制的背后，是你没给你父母足够的信心！就算父母以前没把你教好，但你应该知道一句话，钟老师早说过的，也是苏联教育家苏霍姆林斯基说过的，真正的教育是自我教育！你现在是初三的学生，是准青年，你应该学会自我教育，当你把自己教育得很优秀，很强大，你的母亲就会以一种仰视、崇拜的眼神看你这个儿子！她会以你为骄傲，而不是处处担心你，管控你！不信，我们试一试，打个赌，我绝对赢！"

唯唯的心情被我抚平了，最后一节自习课，我让孩子们复习八年级下册的古诗词，我看他背得虽然很艰难，但很欢乐！

艾岚心语 ▼

很多时候，我们容易讨好学生而指责家长。很多家长诚然应该指责，但是，我们要明白，改变家长何其难啊！为何不从改变孩子入手呢？我通常的做法是，引导孩子学会自我教育，把自己变强大，变优秀，然后，再来"修理"不合格的父母！父母改变，孩子才会改变。但如果父母不改变呢，难道孩子就要坐等毁灭吗？因此，当家长很难改变的时候，班主任应该把希望转向孩子。我一直觉得，改变孩子比改变一个成年人容易多了。如果我们能引导孩子试着改变自己，试着努力成长，父母是不是更有改变和成长的动力呢？

教会学生人际交往的边界

早上，我去教室溜达，看见苏元晟拿着一张试卷在与王诺窃窃，王诺爱理不理，苏元晟干脆凑近王诺耳朵继续窃窃。

突然，王诺怒目圆瞪，"咳"的一声一掌重重拍在桌子上。苏元晟赶紧闭嘴，识趣地挪回了身子，哑然干笑。

看着这场面，我忍不住调侃："苏元晟，原来你吃这一套啊？"

我话声刚落，坐他前面的朱雅婷补充道："他今后是怕老婆的角色。"

周围顿时弥漫出一阵善意的哄笑。

苏元晟脸色绯红，不过笑意未消。

我笑着说："那有什么啊！我跟你们说，怕老婆的男人最性感！我们四川每年还评选'幸福耙耳朵'呢，评上的不仅无上光荣，还要发奖金以示嘉奖呢。'耙耳朵'就是怕老婆的意思。所谓怕，其实是爱。只有真正爱老婆的男人才会怕老婆，比如我们家何老师，那简直怕我怕得很，我说一是一，我说二是二，我说我要上天，他就给我搭高梯，我说我要入地，他就给我拎钻头……总之，我一声令下，他跑得飞快。"

"哇！这么好？"孩子一脸惊异，一脸羡慕。

"前提是，我说的是正确的，我做的是合理的。"我笑吟吟地说道。

"哦，"孩子们故意做出恍然大悟的样子，说，"懂了，懂了。"

"以苏元晟的性格以及他的原生家庭来看，他今后必定是暖男一枚，深得女孩欢心啊。"我调侃完自己继续调侃苏元晟。

"是啊，"陈永仪点头称道，继而打个哈哈，略表遗憾地说道，"但他是中央空调耶。"

"向往也是中央空调。"文芳补充道。

"他们做得很好啊，阳光洒向每个女孩，温暖一大片，谁都不冷落，谁也不伤害，高明。"我笑着称赞。

"但是，但是，"陈永仪笑着说，"很多女孩不喜欢中央空调耶。"

"哎，我说，那些个暖宝宝们，谨记钟老师的智慧秘诀——遇到真爱之前，你就做中央空调！坚决地、乐此不疲地做中央空调。但是，一旦遇到你真心喜欢的女孩，你就要拎得清了哈，那就坚决不做中央空调，而是要做独家保镖！把你喜欢的女孩捧到向日葵上，把其他女孩打到阴山背后，明白不？"我半是玩笑，半是正经地说道。

很多孩子听我说完都心领神会地笑开了。

我还听到向往大声地跟他的同桌陈宇凌解释："老师的意思就是告诉所有男生，在没有女朋友或者妻子的时候，可以像中央空调一样对每个女生都要好。但如果有了女朋友或者妻子，那就要对女朋友或妻子特别好，与其他女性就要保持距离。"

"对啊，"我称赞道，"这理解能力真是强啊。其实，不论是男孩，还是女孩，都要懂得交往的边界。那些没有边界意识的滥好人，看起来是好，但实际上这种'好'会伤害到很多人。"

有些老师看到这里，可能觉得我跟学生谈这样的话题会刺激学生想入非非，尤其是大考来临之前，还说这种不正经的话。那我就真要告诉你了，我经常跟孩子们说这些个"不正经"的话。连孩子们都调侃我，说我说话没个正经，但做起事来又一本正经，并且正经得吓人！

还有，我的莲韵九班，没有一个孩子想入非非！

班上的孩子，不论男女，相处得相当融洽。虽然有时说些不正经的话，但每个孩子三观都很正，没有任何"男女交往过密"迹象。

教育就是生活，干吗要搞得一本正经呢？我在跟学生调侃的过程中，育人的功效就在潜滋暗长啊。

比如前几天，女孩们体训结束回教室，看着她们那青春焕发的面孔，婀娜多姿的身材，我忍不住赞叹道："哎！年轻真好啊，看你们那身段呐，真是漂亮极了！"走在我旁侧的王诺赶紧安慰我："我还没生啊，我要是生了，身段也没有现在好看的。"

"嗯，我知道，你们在安慰我，胡紫薇说，没有腰线的女人是没有未来的，"我故意装出一副失落的样子，哀婉地说道，"我现在腰细如黄桶，我已经没有未来了。"

"谁说你没有未来了？"女孩们马上安慰我，"你年轻的时候身材比我们好多了，你现在的成就，不就是你年轻时候的未来吗？"

"这倒是真的，"我假装转忧为喜，得意地说，"我年轻的时候也是蛮拼的，加上身材容貌都还过得去的，所以创造了一个令自己比较满意的现在。就算现在没有了魔鬼身材，也失去了天使面孔，但那份自信始终存在，是吧？"

女孩们"嗯嗯"地附和道。师生之间一路笑谈，非常愉快，非常和谐。我想要传递的价值观，以及要向她们灌输的正能量，都在这样的闲聊或者说调侃之中落地生根了。

艾岚心语▼

安徽蒙城发生了一起学生打老师的事件。很多老师看了之后非常的焦虑，除惊叹于现在学生的无法无天之外，就是整天地哀怨教师地位低下。其实，师生矛盾古今都有，只是现在更加突出而已。那为何现在的师生矛盾很严重呢？大环境的不良影响肯定存在，另外诸如网络亚文化的负面影响，家庭教育的失败等。最主要的原因还是老师专业能力的提升速度赶不上学生问题发生的速度！而专业，并非单指学科知识的积累，也并非单指教育能力的提升，除了前面两种之外，还包括教师作为"一个人"的专业能力！比如我跟学生的关系既亲近，又保持着一定的距离。学生既喜欢我，也敬重我。这是为什么呢？

主要还是源于我平时与孩子们的交往。大战在即，任谁都觉得每天跟孩子们谈论考试方向，探讨解题方法，总之，怎么把分抓住才是正道。我不否认这些做法，但我肯定不止有这些做法。我除了强调考试的重要性，教给他们做题的方法，提分的策略，我还教他们怎么思考，怎么快乐地生活，怎么有效地锻炼，怎么为今后的人生做规划。尤其是面对情感世界，该怎么处理，怎么选择，对自己，对他人，利益才能最大化。孩子首先是一个人，老师与他们相处，就要说人话，尽人事。既要考虑他们的现在，也要放眼他们的将来，要给孩子们留后劲！

第五辑

比成绩更重要的是学力和方法

没有什么比保住孩子的上进心更加重要

下午历史课上,我在办公室听见10班孩子们在教室里狂嚣,以为是历史老师离堂,孩子们趁机放纵。于是赶紧移步到教室门口,历史老师正与孩子们谈笑风生,我不免有些尴尬,即刻退回办公室。

事后历史老师对我说:"当孩子们听说他们的历史均分在年级第七的时候,简直乐疯了,说他们终于摆脱倒数第一了。"

说到这里,我就想起上午大课间的时候,历史老师悄悄跟我说:"以前他们说9班孩子很笨,我还不信,我总说10班小孩浮躁,比不过9班孩子。平时的作业啊,课堂听写啊,9班都比10班做得好,但是一考试,真的马上就看出来了,10班孩子确实聪明很多,理解性的题,9班小孩普遍不会做。"历史老师说的何尝不是事实。我自己也在教10班的语文课,两者相比,10班的小孩确实充满灵气,反应比9班小孩快多了。但是,换个角度来看,孩子的接受力差一些也未必就不能成才。我教书20多年,看到很多智力平平的孩子,由于勤学好进,最后取得了不俗的成绩。

再说了,我都不相信我的孩子们,那么谁来相信他们呢?

想到这里,赶紧准备了一些资料,我一定要在孩子们忐忑不安的时候给他们吃一颗定心丸。我要告诉他们,不论他们考得多差,我都不会责骂他们,更不会小看他们,我会一直与他们在一起,不离不弃!

下午第九节是我的阅读课,还剩最后10分钟。我说:"月考成绩出来了,大家都很关心自己的成绩，这一点我很开心，说明大家很有上进心。我也知道，有些同学高兴，因为进步了；有些同学怄气，因为退步了；还有些同学非常的沮丧，因为分数非常的低，有些科目甚至低到只有10几分。"我说这番话的时候，孩子们很沉默。我知道他们情绪很低落，毕竟大多数孩子考得不甚理想。

"不过，我想告诉大家一个秘密，"我扯起嘴角淡淡一笑，说，"我读初中的时候，英语考过18分，为避免受到我妈的惩戒，我偷偷地在1上面加了一横，改成78。以为可以蒙混过关，哪知道我妈很精明，她数勾勾叉叉的时候发现了真相，我被我妈狠狠地数落了一番。"孩子们听到这里惊讶万状，问我："你还做这种事啊？""我做学生时调皮捣蛋野蛮刁钻超乎你们的想象，"我笑着回答，"幸运的是我醒悟了，我的上进心被我及时找回来了。后来我发奋图强，中考的时候，英语考到了90分。先是图强，我自己装订了一个巴掌大的本子，一面写汉字，一面写单词和句型，随时将小本子揣在兜里。接着发奋，上学下学，烧火做饭，我都要把小本子掏出来背一背，背得我死去活来。所以说，学习的真谛就是先死去，再活来。"

说完我的糗事后，孩子们的心情好多了。原来他们崇拜的艾岚同学，钟杰老师，竟然考过18分，并且还沦落到改分数的惨状。最起码他们还没干过这样出格的事情，说明他们的表现比我当初好多了。像我这样行为有缺陷的学渣都能逆袭成学霸，他们有什么理由不能进步呢？

"我呢，只是一个平凡的教师，不值得一提，"我笑着说，"我给大家揭一揭伟人、名人的老底，想听吗？"

哪有不想听的呢？不论是成年人，还是小孩子，举凡牵涉别人秘密的，都好奇得很。所以孩子们伸长脖子，急切地答道："想！"

"好，马上展示，"我答道，"第一个伟人，毛泽东，我们上午才学过他的《沁园春·雪》，有兴趣吗？"

"有兴趣。"孩子们反应相当热烈。

"据史料记载，他在上中学时，文、史两科成绩极佳，但数学、物理、英语、静物写生等课程，都得过0分或接近0分。"

孩子们"啊"的一声，极其不信地说："这么衰？"

"是的，很衰！所以只考了个湖南师范学校，相当于现在的中专学历。可是并不妨碍他建功立业啊。"我说。

"朱自清，知道吧？"我笑嘻嘻地问。

"知道，我们学过他写的《春》和《背影》。"孩子们答道。

"他1916年报考北京大学预科，数学只有0分，但作文写得非常漂亮，文字优美，情感细腻，得了满分，所以被成功录取。"

"啊！0分？"孩子们这次被吓倒了，极其不信地问我，"是不是真的哦？"

我说："绝对真实可靠。"

"杨绛先生，知道吗？"我问。

"知道，我们学过她写的《老王》。"孩子们得意地答道。

"杨绛先生的丈夫钱锺书知道吗？"我再问。

这一次没有人回答了，沉吟一阵之后都摇头表示不知道。

"《围城》知道吗？"我问。

有孩子表示看过《围城》。

我说："对了，就是《围城》的作者，被称为最有学问的人，可是他，请看材料——"

"钱锺书报考清华大学，其考试成绩国文、英文俱佳，据说英文是满分、国文接近满分，但数学只有15分。"

孩子们惊讶之余，就疑惑了，问我："怎么都是数学差啊？"

"是啊，你们没发现吗？伟人啊，名人啊，但凡偏科的话，基本都是偏数学啊。你们再看，咱们班，是不是大多数同学数学瘸腿啊？这意味着什么呢？你们懂滴。"我笑着说。

"还想往下看吗？"我问孩子们。

孩子们当然想啊，我这是明知故问，吊他们胃口。

孩子们果然上当，急猴一般叫我赶紧展示。

"金庸，知道吗？"我问。

孩子们大声叫道："太熟了。"

"好，请看！"

"金庸（原名查良镛）。他中学时代记忆力超强，应付考试得心应手，除数学成绩平平外，门门功课都考第一。高中毕业后即走上新闻道路，没有直接念大学。"

孩子们"哦"的一声表示了意料之中的惊奇。我赶紧补充说:"81岁剑桥读博士。"

这下轮到孩子们鼓眼睛了,难以置信地问我:"81岁了,还读博士?"我笑着说:"不仅如此,还带着夫人一起去的呢。"

孩子们"啧啧"连声表示叹服。

"马云,知道吗?"我故意问。

"咳,怎么可能不知道马云呢?"孩子们有一种被嫌弃的不满。

"我知道你们知道现在的马云,可你们知道学生时代的马云吗?"我故意不屑一顾。

孩子们当然不知道,一脸迷惑地摇头。

"他不仅没有上过一流大学(上的是杭州师范学院),而且连小学、中学都是三四流。初中考高中考了2次,数学31分;高中考大学考了3次,其中第一次高考数学只有1分,第二次21分。"

孩子们这次有些惊悚了,极度不信但又不得不信他们崇拜的马云爸爸当初读书的时候竟然也是个学渣。

接下来我还给他们展示了王小丫、贾樟柯,以及孟非、韩寒等14位名人的学业状况,个个说起来都心塞。

展示完毕,我对孩子说:"这些人为何能闯出一片天来?因为他们从来没有放弃过自己的梦想!他们也从不因为自己某一个学科弱就自暴自弃,而是扬长避短,做了最好的自己。我拿这些人的事例出来,是想告诉你们:接受你们考出来的分数,但必须改变你们现在的状态!只有想法没有做法,想法永远是空想!所以从现在开始,咱们班成立两个战队:逆袭战队、旋风战队!每个战队怎么运行,我会拿出具体的方案!只是我今天要公布一条纪律:逆袭战队和旋风战队,周一到周五,必须与网络绝缘!我会通知家长监督,如果控制不了,最简单的做法就是拔掉网线!不服的,请举手!"

孩子们面面相觑,但无人举手。

这是一场令他们极度意外的月考成绩分析会。因为我知道有些孩子从上午就开始在恐惧。一是恐惧我会把他们的成绩在家长会上公之于众。二是恐惧我会狠狠地骂他们一顿。三是恐惧我要他们写检查写反思写分析写总结。但我今天下午竟然自揭老底以及揭了那么多名人的老底。这实在是令孩子们没有想到。当然，这也是我一贯的作风：不按孩子的牌理出牌。

其实我这样做的目的有好几个：1. 一定要保住孩子们那颗微弱的上进心。这比什么都重要！因为一旦失去很难找回。2. 趁机推出旋风战队和逆袭战队，并且以此控制一部分孩子的网瘾。3. 向孩子们表明我的态度：我不以分数论英雄，但我必须看到成长的生命状态！

艾岚心语▼

对学生的分数，我肯定也是在乎的。毕竟这关乎到孩子们中考之后有没有书读的问题。所以，我给孩子们打完强心剂之后，会对他们的月考成绩做翔实的分析，然后找孩子一对一地谈话，帮他们找到问题的症结所在，然后制订相应的提升策略！不过，我也要实话实说，对那种学习能力实在很弱的孩子，或者说基础接近零的孩子，我也回天无力！我只能拿出花苞心态去守住他们的梦工场，帮他们挖掘其他方面的超能力。作为班主任，重视分数，但不纠结分数。重视学生的生命状态，但不要忽略孩子们的技能提升。孩子，既需要激励斗志，也需要方法指导。因此，对学生学习习惯的培养，解题方法的指导，记忆诀窍的指点，以及刷题的时间、分量、深难度，都是需要指导的。不过必须要记住一点，不管使用什么招数，保住孩子的上进心是最重要的。只要孩子有了上进心，孩子的成长就有了后劲。

逆袭战队之逆袭招数

莲韵九班在上一次月考之中有 16 名孩子进入了年级前 150 名，单从这个数据来看，莲韵九班也不算差，但从年级前 50 名的数据来看，就非常的不尽人意了，才进了两名，分别是朱雅婷跟阿根。朱雅婷属于黄色性格，自控力极强，基础也相当好，加上家庭稳定，母亲善教，对她，我非常有信心。阿根，脑子很聪明，基础也很好，跟朱雅婷一样是黄色性格，但他遭遇家庭变故，所以他的黄色性格中急躁和极端的劣势就特别明显，情绪也时好时坏，对他，我更多的是呵护、欣赏、开解，再加上耐心的等待。

一个班，仅靠这两个孩子，并且阿根还属于不稳定分子，怎么可能让班级翻身呢？

于是我组建了"逆袭战队"，一共是 18 人，除进入年级前 150 名的 16 个之外，还加了 150 名到 170 名之间的两个孩子。

队伍扯起来之后，我就召集这 18 个孩子共商逆袭之大事。

我首先鼓舞士气，说："咱们莲韵九班，想要真正意义上的进步，必须靠你们来逆袭！所以你们是班上的支柱，是栋梁，也是希望！如果你们停步不前，那么咱们班永远都没有翻身之日，大家只能没有尊严地生活在一个不被认可、不被看好、不被赞扬的班级里！至于超能战队，我不强求他们在分数上为班级做出多大的贡献，我只要求他们能保有积极的心态，能做与人为善的好人。还有旋风战队，我对他们的要求很简单，只要进步就好！逆袭战队呢，那就不是每天只进步一点点了，而是要拼尽全力地往前冲！有句话不是说'既然学不死，你就往死里学'吗？还有，你们嘴巴上不是经常挂着一句话：再不疯狂我就要老了。我改一下：再不成长，你就老了。"

孩子们被我最后一句话逗笑了，气氛一下子活跃起来了，纷纷请我为"逆袭"支招。

"好，我先向你们求证一些疑问，然后你们自己也要想点办法，不能老是依赖我呀，"我笑笑，继续说，"第一，听课的时候，你是否带着负面情绪？如果你对老师，对学科带着负面情绪，不但不能逆袭，还会节节败退，阿根应该是有体会的。第二，关于作业，你是否抱着诚实的态度去完成？偷奸耍滑，拖拉懒散，是不可能巩固你的课堂所学的。第三，关于课间，你是否充分利用？我近期观察，傻乐占了一大部分。我不反对班上的一部分孩子傻乐，如果我把他们的傻乐都扼杀了，那他们还有什么？但你们不一样啊，你们有能力更上一层楼，你们肩负重担！你们要做到'众人皆醉我独醒'啊！第四，关于周末，你是否还沉溺在网游中？是否还睡到日上三竿才起床？你的弱势学科是否在补课？据我所知，目前向往、胡雍俊、汪振宇，都在利用周末补救自己的弱势学科了。"

虽说是疑问，但其实是无疑而问，孩子们的情况，我都掌握得一清二楚。因为除了其他老师上课的时候，其余时间，我都泡在教室里，跟踪观察两个月，哪有看不出问题的道理。所以，我虽然是在向他们提问，实则答案都在我心里，孩子们也心知肚明，因此个个面带愧色。

看孩子们有些惭愧，我马上换了个话题，说："张薇169名，并且还是非深户，我为何还要把她编入逆袭战队？这里我特别要告诉张薇，千万不要气馁，更不要妄自菲薄。我坚定不移地相信，只要努力，就一定能做到！'一心走路'的林秋华，初一的时候，没有理想，没有目标，天天跟着不学习的女孩一起厮混，后来心灯被我点燃，立志要读高中。于是她自觉远离了那些不学习的朋友，踏上学习的苦旅。成绩在年级排名一直不甚理想，并且又没户口，但她坚决不放弃，到初三，非常的刻苦，屡战屡败，屡败屡战，最终以391分考取了布吉高级中学。虽然不是所谓的名校，但她一个成绩在年级170名左右，并且没有深圳户口的女孩，通过自己的努力考取了公立学校，获得了学习的机会，这是多么了不得的事！"

我这番话说出来，张薇的眼睛就亮了，另外的孩子脸上也充满了希望。

"其实要逆袭也并不难，"我缓慢而真诚地说道，"我本人就是一个成功逆袭的励志案例。我下面所讲，都是我的具体做法：

"第一，上课必须认真倾听，这是不用辩驳的真理！课堂才是获取知识的重要阵地！上课不听讲，下来花再多的时间，效果都要打折扣！一句话，学习效果好不好，是否认真听课才是关键。

"第二，对待作业方面，如果没有找到更好的提高学习效率的方法，那就做个老实人。我当初读书的时候，数学相对较弱，一时又没有找到快速提高的方法，于是我就用死办法，从不放过老师布置的任何一个题。'一心走路'的张娆娆，她也是一个老实人，从来不对老师布置的作业打折扣，作文写得也不是最好，但她听从老师的建议，写得四平八稳，所以扣分就很少，最终以优异成绩考进深外。相反，考进深中的田雨娟，在学习上就更灵活一些，有自己独特的学习方法。总之，如果你没找到合适你的方法，你就听从老师的安排，如果你有更好的方法，那当然就要听从自己了。

"第三，课间时间不扎堆傻乐呵。我承认找乐子可以放松大脑，但我不提倡傻乐似的放松。你可以去趟厕所放空一下自己的身体，也可以在走廊上看看远方放松自己的心情，然后及时回教室攻关，把大目标分解成一个个小目标，逐一落实。现在状况非常好的有朱雅婷、李慧婷、温佳婵、陈宇凌、向往，其余同学的状态，我还没明确看到。但愿你们是一群伪装者，明里很放松，暗里很努力，考试一鸣惊人！

"第四，适当地给自己加料。具体的做法是，大量地涉猎各种题目。一眼看过去，烂熟于心的，划掉；生疏的，赶紧演练；不懂的，找老师或同学搞懂。

"第五，关注老师的休闲时间。初三时间非常紧，每个时间段都有安排，老师很难找到集中的时间来辅导学生，所以课间一定要关注老师的时间，一旦老师闲着，就要赶紧揪着他释疑解惑。尤其是我这个语文老师，我告诉各位，我的教育理念是从不单独给成绩靠前的同学开小灶，对我来说，追求教育的公平比追求分数更加重要！我必须要顾及其他同学的感受！但如果你是单独来找我求教，我肯定非常乐意，别的同学也没闲气生，更没闲话说。

"第六，各科资料必须编号整理。别轻视我们下发的资料。中考完毕后，你如果有心，你会发现，几乎每个考点，都是那些反复练过的资料上的。所以资料一定要整理好，复习的时候，就可以看资料，琢磨上面的知识点和各类错题。

"第七，一定要有错题本。尤其是理科，死磕错题不放，长此以往，你把所有的错题都搞懂了，你还怕考试吗？

"第八，牢记自己的目标，时不时在心里翻晒一下自己的目标，用目标来刺激自己，激励自己！

"一句话，世上无难事，只怕有心人！还有一句话，人生随时都可以逆袭，只要你愿意！"

艾岚心语▼

方向比方法重要，方法比勤奋重要。孩子们不是不想学好，很多时候，是因为他们不知道怎么学才能好。班主任老师除了在精神上要多给学生打气外，还要指导学生如何学，要把有效的方法教给孩子，然后督促他们按照正确的方法去学习，假以时日，效果就出来了。联合国教科文组织《学会生存》一书中提出的教育的四大支柱：学会做人、学会做事、学会学习和学会与他人共同生活的终身教育思想。其中学会学习，位列第三，说明了什么？一个孩子，在他的一生中，如果他只知道学习的重要性，却不知道如何学习，那他这一生必定是庸常无能的，他不可能像龙应台所说"可以拥有选择的权利，选择有意义、有时间的工作"，而只能"被迫谋生"。当一个人的工作在心中没有意义，哪里有成就感。当一个人的工作不给你时间，始终在剥夺你的生活，你在哪里去找尊严？我并非是一个在分数上死磕的老师，但我一定是强烈要求学生爱学习、会学习的老师。作为老师，要在应试教育与素质提升上做好平衡，这其中并没有不可调和的矛盾。我教出来的很多学生，既能拿出漂亮的分数，综合素质也相当高。为什么呢？因为这些孩子主观上热爱学习，客观上会学习，在同样的时间单位里，他们的学习效率比别人高，所以他们就节约了大量的时间，可以有时间兼顾到自己的兴趣爱好。那种不会学习的孩子，每天看起来很努力，却鲜有成效。这就告诉我们，学法指导多么重要啊！

给孩子正确有效的学习方法

期中考试,莲韵九班没有创造出翻天覆地的考试神话,以前成绩比较靠前的,仍然靠前,以前成绩落后的,仍然落后。于是就有不少孩子跟我吐槽:老师啊,其实我很努力了,我比以前勤奋多了,为什么我的成绩还是没有大幅度提升呢?我反问:"你是怎么努力的呢?"孩子们就"嗯嗯"地故作沉思一阵,然后说:总之,我的确是努力了,但是效果不明显,老师啊,怎么办嘛?也有一部分孩子找到我,先是一脸的焦虑,然后是满怀希冀地问我:老师,怎样才能提高写作水平(其实他们的作文水平是有所提高的,期中考试,莲韵九班的作文均分是年级最高的)呢?怎样才能提高语文成绩呢?不待我回答,他们又迫不及待地提议:老师,帮我们找资料吧,我们加料!

面对孩子们的各种吐槽和求助。我真恨自己教书20多年竟然没有修炼出点石成金的本领。我要是有这个本领,我立马就可以救这些孩子于水火之中,让他们高唱凯歌、扬眉吐气。

可是,我没有啊!我真没有!即便我曾经是学霸,即便我在教师队伍混到了副高职称,即便我成了全国的知名班主任,我也没有能力在短时间内让孩子们"功力大增"!除非我"耗尽真气,穷我功力"去打通孩子们的"任督二脉"。即算我真这样做,那也得看孩子本身是否具有"打通"的资质啊!

为何孩子们努力了效果还是不明显呢?

这里面原因当然很多。最主要的还是孩子们本身基础很薄弱,再加学力偏弱，初三又增加内容提高难度，属于孩子们自己的时间也完全被占据，之前的漏洞都没有时间填上，新的漏洞又出来了。于是知识漏洞就像滚雪球一样越滚越大，终至无力填补。还好，这个学期我带着，这帮孩子的成绩虽然不好，积极性还是被我激励出来了，不管多难都没有轻言放弃，这也是我既痛苦又欣慰之所在。

化学老师说：在9班上课，孩子们的课堂反应很不错啊，怎么考出来的结果就不尽人意呢？

英语老师说：9班的孩子很听话，叫读就读，叫写就写，就是考不得。

历史老师也说：9班的孩子真的很老实，每次叫交作业全部交了，每次叫抄写全都抄了，每次叫背书，都张嘴哇哇背了，可是一考试，就被别的班级甩下来了。

为什么？这究竟是为什么？

答案不难找：很多孩子学习根本就没有方法，被动接受，盲目听从，随波逐流。

于是找了个时间，跟孩子们讲了个故事——

有一个非常勤奋的青年，很想在各个方面都比身边的人强。经过多年的努力，仍然没有长进，他很苦恼，就向智者请教。

智者叫来正在砍柴的三个弟子，嘱咐说："你们带这个施主到五里山，打一担自己认为最满意的柴火。"年轻人和三个弟子沿着门前湍急的江水，直奔五里山。

等到他们返回时，智者正在原地迎接他们。

年轻人满头大汗、气喘吁吁地扛着两捆柴，蹒跚而来；两个弟子一前一后，前面的弟子用扁担左右各担四捆柴，后面的弟子轻松地跟着。正在这时，从江面驶来一个木筏，载着小弟子和八捆柴火，停在智者的面前。

年轻人和两个先到的弟子，你看看我，我看看你，沉默不语。唯独划木筏的小徒弟，与智者坦然相对。智者见状，问："怎么啦，你们对自己的表现不满意？""大师，让我们再砍一次吧！"那个年轻人请求说，"我一开始就砍了六捆，扛到半路，就扛不动了，扔了两捆；又走了一会儿，还是压得喘不过气,又扔掉两捆;最后,我就把这两捆扛回来了。可是,大师,我已经很努力了。"

"我和他恰恰相反,"那个大弟子说,"刚开始,我俩各砍两捆,将四捆柴一前一后挂在扁担上,跟着这个施主走。我和师弟轮换担柴,不但不觉得累,反倒觉得轻松了很多。最后,又把施主丢弃的柴挑了回来。"

划木筏的小弟子接过话,说:"我个子矮,力气小,别说两捆,就是一捆,这么远的路也挑不回来,所以,我选择走水路……"

智者用赞赏的目光看着弟子们,微微颔首,然后走到年轻人面前,拍着他的肩膀,语重心长地说:"一个人要走自己的路,本身没有错,关键是怎样走;走自己的路,让别人说,也没有错,关键是你认为自己走的路是否正确。年轻人,你要永远记住:选择方法比努力更重要。"

讲完这个故事,我对孩子们说:我知道大家都在努力,但是努力的效果并不明显,为什么呢?我相信你们已经从这个故事里找到原因了。下面,我想请大家梳理一下自己的学习方法,我帮大家诊断诊断,然后再想办法。

孩子们真的很听话很配合,我话声一落,立即就开始沉思,然后就在我发给他们的纸片上刷刷地写开了,再然后,非常郑重地把他们的"宝典"交给我。

我摊开他们交来的"宝典"——拜读。唉,不读我还抱着美好的憧憬,一读竟把我给吓坏了。请看:

生1:上课认真听课,回家按要求完成作业,多做题目。
生2:抓紧时间去学习,睡前把书本拿来复习一下,认真完成作业。
生3:该背的多背,该记的多记,该练的多练。
生4:常读常写。
生5:掌控好时间,控制好心态。
生6:多理解,该死记硬背的就老老实实背。多写练习题。
生7:多读书,多看报,少吃零食多睡觉。
生8:该背的不含糊,该记的不马虎。增加做题量,作业要落实。
生9:多记,多背,多看,多读,多写。每天要复习,也要预习。

…………

我实在是不好意再输出来了，几十个孩子，分享出来的方法大同小异。孩子们所展示的"宝典"打的是谁的耳光？

孩子们读到初三，学到了什么方法？全部都是一些"正确的废话"！这下我们该明白了，为何孩子看似很努力，却没有达到我们预期的效果呢？因为他们压根就不懂得如何学习，他们只记得那些被老师在嘴巴上反复碾压的老掉牙的废话！

对孩子展示出来的方法，我不会当他们面做任何负面的评价。我要做的就是给他们想办法，于是我立即给孩子们整理了10条经过很多孩子验证并且有效的方法，然后复印出来下发给他们，要求他们压在课桌板下面照做。如下：

1. 预习时遇到不懂的地方要通过查字典、查资料寻找答案，也要向同学、家长、老师问询，仍然没有解决的问题要标记出来，以便在课堂上重点听老师讲解。

2. 要学会用笔在书上做不同的标记，如：重点内容在文字下面标"△"，有疑难的地方在文字下面画"——"，并在旁边写上"?"等，以便在老师讲课时多留心。

3. 课前做好准备，自觉检查课本、课堂笔记本、课堂练习本、必需的文具是否都准备齐全。

4. 课堂上精力集中，专心听讲，积极思考，全身心地投入学习，听不懂老师的讲解时，要适时举手发问，或者做好记号课间询问。

5. 要注意做好课堂笔记。课堂笔记不照抄老师的板书，重点记录自己弄不懂的问题，老师是如何讲解的，同学的好观点、好方法等，便于自己以后复习使用。

6. 每天睡觉前都要反思一下："今天，我又学到了什么新知识？今日事是否今日毕？"把当天的学习内容在头脑中简要地回顾一遍。回想今天学习的重点和难点是什么。有哪些已经懂了？哪些不懂？哪些还不太清楚？找出学习中的薄弱环节及时予以解决。

7. 要注意积累资料，对自己的作业本、试卷、笔记本、纠错本等做好整理和积累，并时常翻阅、随时复习。

8. 做作业时要专心，不边玩边写，不边吃边写，书写时要想好再下笔。（理由：专注做事，效率才高，效果才好。）

9. 写完作业必须认真仔细地检查，能检验答案并找出错误及错误的原因，及时纠正，当作业本、练习本、试题等下发后，首先察看老师的批改，对老师指出的错误必须及时纠正，不放过一个错字或错题。

10. 自觉主动地阅读，每天课外阅读时间累计不少于30分钟，自己订阅的报刊应及时阅读。建立读书笔记，摘抄课外读物的精彩句段，或在精彩处圈点，记上自己的阅读体会，养成勤于读书、乐于从中求知和初步体味语言艺术之美的习惯。

孩子们，我能做到的暂时就是这些了。能走多远，真的是看你们自己的造化了！我还想说一句，不管你此身能走多远，都必须努力，并且是有方向、有方法地努力！

艾岚心语▼

我一直认为方向比方法重要，方法比勤奋重要。没有适合自己的学习方法，不管多么勤奋，效果都要大打折扣。因此，班主任老师不能仅仅只对学生说，孩子啊，你们可要努力学习啊。这个话谁不会说啊。但怎么个努力法？你得教给孩子啊。我读书时，读得非常轻松，考试时却总是能当常胜将军。除了我脑子比较聪明，记忆力比较强之外，主要原因还是我喜欢研究学习方法。比如我学习理科，上课从不走神，思路始终跟着老师走，课下除了完成老师布置的作业外，我还会自己买来学习资料给自己加餐。我也不老老实实地逐个刷题，我就是逐一阅读，会做的，一笔划掉，不会的，反复研究。这样一来，我就能见识大量的题型，考试时，不管出现什么题型，我都能很快整合相应的知识点来解决。我的方法未必就适合学生，我只是提出来供学生参考，让他们明白，找到适合自己的学习方法非常重要。这个是没有捷径可走的，必须通过自己反复试验，不断摸索，才能整合出自己的独门秘籍。当然，我也推荐孩子们阅读《初中三年必须掌握的100个高效学习方法》一书。这本书，讲道理，摆事实，深入浅出，最主要的是有操作方法，并且有各个学科的学习方法，还有关于记忆的方法及时间管理的方法。对在学习上还迷惘无知的孩子，确实是有帮助的。

你可以放弃考试，但不可以放弃学习

这几天，准备中考报考资料，有几个孩子因为各种原因要放弃中考。

这是他们的权利，其中也有他们不可超越的难处，我尊重并理解。只是，考试可以放弃，学习不可以放弃！这是我的态度，并且是坚定不移的态度！下面是我今天大课间对他们说的话——

1. 你可以放弃中考！这场角逐确实也不适合你们，但不可以放弃学习！尽其所能把能学会的学会，实在不懂的不强求。

    放弃中考是你的权利！坐在教室里学习也是你的权利！任何人都不会侵害你的权利！同时，也必须遵守作为一个学习者必须遵守的规则。

2. 出勤。不迟到，不早退，不旷课，有事必须请假！必须遵守，毋庸置疑！

3. 上课。不影响老师上课，不干扰同学学习，并且自身也要认真地听课。

4. 作业。简单的，会做的，一定要做。高难度，啃不动的，不勉强。

5. 卫生。做好自己区域卫生的同时，也可以帮帮其他同学，毕竟不参加中考，压力小很多。做个有温度的人，温暖一下那些在备考线上忙碌的同学，或许在你未来的人生里，有一段难解的生命奇缘。

6. 活动。一切班级活动，都要以主人翁的姿态去参加。包括中考百日誓师大会，也要去呼喊，帮同学们打气和助威。

7. 权益。班上其他同学该享有的权益，你都有，且分毫不少！

8. 坐在教室里的同学，都是学习者。无所谓谁高，也无所谓谁低。所以不要妄自菲薄。你们只是课本上的知识学起来有难度，不能说明你们今后学习技术就有难度。加德纳的多元智慧理论告诉我们，人的智慧是多元的，有的在脑子，有的在双手，有的在双腿……天生我材必有用，每个人都有生命成长的密码，努力去成为自己，而不是复制别人！

9. 学习的态度，学习的渴求，对事物的好奇心，积极向上的生命状态……凡是能催你上进，助你成长的东西都不能丢！这才是一个人能真正成长的秘诀！

说到这里的时候，我就想起"一心走路"的两个孩子。我坚定地相信：此生，不论我有多老，只要我的记忆不丧失，我都会牢牢地记住这两个孩子。

一个叫廖国威。这个孩子初一分班考试的时候，语数外三门学科加起来的总分不足25分。语文是0分。我当时以为他考试时要么是故意不做，要么是睡着了没做。一个读了6年小学的人，怎么可能在初一的分班考试中考0分呢？

开学后，我找出廖国威的答题卷一看，惊呆了！廖国威的0分竟然是千辛万苦考来的！选择题，全选全错。阅读题，全答，全都是问牛答马。写作，是个命题作文，题目抄下来了，却没抄完整，开头写了两行，完全是不搭边的话。让我来评阅这份试卷，我也只能给他打0分。

第一学期，我跟廖国威说："小廖啊，语文课你就不听我讲课了，你就抄写课后的语音汉字，把这个知识点整好了，3分就得到了。然后是抄写每课的文学常识，这个知识点也是3分，搞到了总分就6分了。还有那古诗默写，15分，全是课内的，你每周搞一首古诗，横流倒背到默写无误，这15分得到了，算起来，总分就21分，你就完成了0的突破。"

小廖还真配合，兢兢业业，认认真真地完成我布置给他的任务。我有空，也给他补一补。感人啊，经常都会看到师生两个在教室里攻克难关。期末考试到了，大家猜，廖国威考了多少分？

很难猜准吧。告诉你们，小廖考了12分。虽然分数很低，但突破了0，我们都很高兴。

第二学期，我们照此行动，毫不懈怠。期末考试又来了，大家猜，廖国威考多少分？

免得为难大家，我还是赶紧招吧，14分！相比第一学期，进步了2分。也好吧，怎么说都是进步！

第三学期，我的语文科代表凤娟，很心疼我，说："老师，你太忙了，把廖国威交给我吧。"这当然是大好事啊，我求之不得。我喜出望外地把廖国威甩给了凤娟，并且还安排了廖国威的组长彭思妮帮助他，彭思妮的语文在年级也是数一数二的。为此，我还专门在班上搞了一个"一加一手拉手"的拜师活动。我相信，同伴相助，效果往往胜过老师帮助。

凤娟还让我给她定目标，说要是完成了目标就要奖励她。我寻思着我付出那么多努力，廖国威的进步也是微乎其微，那我就给凤娟订20分的目标吧。只要廖国威能考到20分，凤娟就算完成了目标，重奖，而廖国威，也将享受语文90分的待遇。

感人啊，经常都会在教室里看到两个女孩子帮助一个男孩子。那么，两个语文高手相帮，廖国威期末考试会考出什么成绩呢？凤娟的目标是否完成呢？

告诉大家，有惊喜！廖国威在两位女神的帮助下，竟然考了25分！这真是皆大欢喜的事啊。

接着，放寒假了，回家过年。

第四学期开学，领导说，要搞个开学考，利于学生收心。

于是开学考展开。随后成绩出来了，请问廖国威这次开学考究竟考了多少分？

我敢保证没有人任何一个人猜得中！

嗨，实话告诉大家：辛辛苦苦几百天，一夜回到解放前！我们的廖国威，竟然又考到了0分。天啊，所有的努力都被洗白（四川话，意思就是彻底失败了，玩完了）了。

第四学期的期末考试，廖国威考了36分，他说这是他最高的语文成绩了，再也无法突破了。

第五学期，职校来招生，廖国威找到我，说，反正也考不上高中，不如去读职高，好歹有个学校读。我一听，心里可开心啦。拉住廖国威的手说，小廖，什么是最好的？适合自己的就是最好的！学个技术比什么都好，家有良田万顷，不如薄技傍身，我非常支持你去读职高！放假的时候，想着廖国威开年就要去读职高了，我们都舍不得，还开心送别了，深情拥抱了。

第六学期开学前两天，廖国威打来电话，说他不去读职高了。我情真意切劝他去读职高，跟他分析去和不去的利弊。等我说完了，廖国威才慢腾腾地说，我舍不得大家。我说，有什么舍不得啊，又不是生离死别，你想我们了就回来看我们啊。廖国威又说，我想陪大家学习，一直到中考。我急了，大声说，小廖啊，第六学期是备考阶段，大家都很忙，没有人跟你玩，大家都用不着你陪，你还是去读职高吧，听话啊。我没有说服廖国威，他执意要来陪大家读书，他愿意做一个陪伴者。

我没有再说什么，同意廖国威回来。我跟他说：小廖，咱们可以放弃中考，但不可以放弃学习！我知道你听不懂很痛苦，累了，趴桌面上休息会，醒了，去楼下书吧找些书来读，好不好？

廖国威把我的话听进去了。他成了最守时、最努力、最有温度的陪读者，一直陪到中考的前一天。

还有一个是刘海平。他也放弃了中考，但他每天都是第一个到班的。他认真听课，认真完成所有的作业，甚至放学之后，还要留在教室里学习一会。他比很多要参加中考的孩子还认真。

孩子们，如果你要我用具体的事例来说明"可以放弃中考，但不可以放弃学习"，那么我告诉你，这两个真人真事就是最好的佐证！前面有学长做到了，你还能说什么呢？

艾岚心语▼

考试不过是一种手段，根据自己的实际情况来考量，放弃也并非坏事。但如果因为放弃了考试就放弃学习，这才是最为可怕的。因此，做我的学生，你放弃了中考就要放弃学习，我是绝不同意的。很多老师都喜欢举"李嘉诚读到初二就辍学，然后成为亚洲首富的例子"来激励那些成绩不好的孩子。不过，很多孩子也会举这个例子，告诉老师，不读书也可以成为亚洲首富。老师的重要之处在哪里？就是告诉孩子们，李嘉诚因家庭的原因放弃了到学校读书的机会，但他从来就没有放弃过学习，不断地进行学习才是李嘉诚成功的秘诀！在我们的生活中，也有不少的人没有进过考场，但他们从来没有丧失对学习的好奇心，更没有在行动上放弃学习，他们最终在人生的考场上成了大赢家。还有一点，班主任老师对这些学生做要求时，不要生硬地强加要求，而是用就近的真人真事去打动他们，告诉他们，榜样离我们很近，我们可以向他们学习。

中考倒计时100天，孩子们要不要宣誓？

明天，距离中考还有100天。学校安排百日宣誓活动。

那么我们究竟要不要宣誓呢？按照我以往的经验，每个孩子都会点头说要。但我还是要与孩子们讨论这个话题。我要的不是答案，而是孩子们对事情本身的分析与论证的思考过程。

我问："什么叫宣誓？"

孩子们说："就是向别人发誓那种。"

我笑着说："发誓跟宣誓有区别吧，区别在哪里呢？"

孩子们"嗯嗯"了一阵，说："发誓一般是个人对个人，宣誓是集体表决心。"

"一般情况下，宣誓就是在一个正式的场合举行一个仪式，庄严地表达自己的态度和决心。"我说。

孩子们点头，表示理解和认可。

我再问："那么我们需要这个仪式感吗？"

"需要！"回答得不加思索。

"为什么需要呢？"我问。

孩子们面露难色，表示只能领会不能表达。

我说："仪式通常都是在一个很正式的场合，郑重地举行，人们借由这种仪式带来的仪式感，来给自己一种强烈的自我暗示。借由这种自我暗示使自我更加努力，更加认真地对待这件事，力争达到自己的目标。"

孩子们"哦"的一声，说，明白。

"可是，我经常看到有些人在举行仪式的时候叽叽喳喳，嬉笑打闹，说说看，这些人缺少了一种什么态度？"我问。

有孩子说庄重，也有孩子说诚意。

看来孩子们都不傻。别说，现在很多仪式之所以既乏味又无效，除了组织者缺乏准备和诚意外，参与者也缺乏庄重和诚意。

我对孩子们说："没有诚心，就没有仪式感！所以，如果我们真心想要参与这场百日宣誓，那么我们就要拿出我们最大的诚意来！"

要不要参与？从孩子们的反应来看，他们有渴望参与的态度，也有渴望参与的热情。其实，不用讨论，我也知道他们存在这样的态度与热情，但我花费时间让孩子们商议，为何呢？前面我就说过，我要让孩子们学会思考和分析，尤其是理性分析。

既然要参与，那么怎么参与？宣誓的内容哪里来？原创，还是借用？

多数孩子说，网上搜索。

我不赞同，说："网上搜索确实很容易，但那不代表我们自己内心的真实声音，用别人的声音来表示自己的决心，你们心里真的能做到郑重其事吗？"

听我这样一说，有孩子马上出主意，说："老师，你那么会写，你帮我们写吧，你的声音肯定代表我们的声音。"

我摇头，说："要我写，分分钟搞定的事，但你们要知道，我写得再好，你们不会写，又有什么意义呢？"

孩子们吐着舌头表示自己确实很难搞定，强烈希望我帮忙。我说好吧，我把我儿子初三百日宣誓的誓词给大家看看，大家可以模仿这个格式再创造。

百日短暂，绝不彷徨；
坚定目标，立足课堂；
夯实基础，避短扬长；
概念常识，牢记不忘！
查漏补缺，重点盯防；

自省自律，自信自强；

苦战百日，誓创辉煌！

这是我家孩子原创的誓词，当初还得了他班主任颁发的50块钱稿费。

时间过得可真快啊，誓词还言犹在耳，儿子已经是高三了，距离高考已不足百日了。

当我絮絮叨叨感慨的时候，有孩子提议说，要不咱们就用你儿子的誓词吧，既是对他的声援，也是对我们的激励。

此话一出，全班响应。

好吧，既然孩子们都这样想，用我儿子的也可以。再说他早已授权，我也没意见，不算盗版（中午给他说这事，他表面谦虚，实则暗喜，然后涎着脸皮找我要稿费。我说好，10块，十全十美）。

誓词搞定，每个孩子都露出了轻松灿烂的笑容。瞧那小样，我就知道他们心里的小九九，无非就是不想动脑子吧。这是莲韵九班孩子的特性，经年恶习，难以撼动。

最后一个问题，怎么宣呢？

建议颇多，适合的少。

我说："誓词用何欣源（我儿子）的，不过格式上我会做些改变，我还需要两个主持人，一男一女，胆子要大，声音要洪亮，谁？推荐！"

"向往、陈永仪。"众口同声。两个孩子也没有异议，笑着答应了。

接下来是我改编誓词，如下：

青春的誓言
——"莲韵九班"中考百日宣言

（艾岚）距离中考，不过百日，孩子们，你们将怎样来支配自己的时间呢？是碌碌无为，还是有所作为？是萎靡不振，还是斗志昂扬？是勤奋努力，还是懒散应付？我相信，你们一定会给出一个准确的答案，来诠释自己无悔的青春！

（向往）在距离中考100天的日子里，

（陈永仪）作为光中学子，

（向、陈）我们谨以青春的名义庄严地许下我们的诺言！

（艾岚）亲爱的同学们，

（向往）举起我们的右手，

（陈永仪）握紧我们的拳头，

（全班合）让我们庄严宣誓——

（全班合）不忘父母期盼！牢记老师教诲！不负青春理想！

（向往）在这庄严美好的时刻，我们宣誓——

（男生）百日短暂，绝不彷徨；

坚定目标，立足课堂；

夯实基础，避短扬长；

概念常识，牢记不忘！

（陈永仪）在这激情昂扬的时刻，我们宣誓——

（女生）查漏补缺，重点盯防；

自省自律，自信自强；

苦战百日，誓创辉煌！

（全班合）请父母放心，我们有能力！请老师放心，我们有潜力！请学校放心，我们有实力！

班级态度，誓词内容，男女主持人，全部搞定。接下来该做什么呢？

练啊！

于是今天的大课间，恰好下大雨，孩子们无法下楼体训，理所当然留在教室里震耳欲聋地练了起来。

效果嘛，还不错。听说我明天要录制视频，一个个就更上心了。

看吧，不管多么不求上进的孩子，其实都希望得到他人的关注，都希望把自己最好的一面展示给别人。

成人都知道，仪式对人的教育作用是相当有限的，但我们不能因为作用有限就不做，毕竟，我们还要在孩子的生命中留下一些郑重的、庄严的、温暖的、气势如虹的记忆啊。

艾岚心语 ▼

所谓仪式感，就是用庄重认真的态度去对待生活里看似无趣的事情，体悟到生活本质中小小的不易被发掘的乐趣。中考可谓是孩子们的第一场大考，如果学校、老师表现出一副无所谓的态度，势必会削弱孩子们的斗志。相反，如果学校以及老师能把这件事当作大事，认真地、虔诚地带着孩子精心有序地完成，我相信，孩子的心里一定会留下深刻的、温暖的、激动人心的青春记忆。因此举行百日誓师、十日誓师的仪式就显得非常必要，突出其强烈的仪式感更加必要！因为仪式感可以让孩子更好地约束自己。尤其是对成长中的孩子，仪式感越庄严神圣，越能让孩子心灵成长。具体怎么做呢？班主任老师首先在态度上要非常支持。其次要在行动上表现出极大的参与热情，与孩子们一道讨论举行仪式的内容和程序。第三点就是在举行仪式的时候，场面要庄严，气氛要严肃，参与的每个人都要一本正经极其认真！只有这样，仪式感才会强烈，孩子们的心灵才会受到震动，其提出的目标才会牢记于心，事后才会勤于行动。

给学生培植一颗上进心

上午,春雷频响,春雨淅沥,少年们的心很骚动。时不时问我,教室里的宣誓怎么搞?请谁来录视频?下午宣誓要搞多久?有些什么人?问完不待我回答,呼的一下又笑着冲走了,似乎整个世界都在掉金币似的。

果然,之前的高冷和不在意都是装出来的。

第二节大课间,春雨仍在淅沥,孩子们无比激动地议论着,喧嚷者,拨拉着排队——要宣誓预演了,要录制视频了。

我打出PPT,首页一句对联:十年磨砺,实力铸就一生梦;百日拼搏,汗水浇灌六月花。落款是:苏元晟父亲。孩子们先是"哇"的一声,再"唰"的一下转向苏元晟,齐声"哦"。这一哇一哦,表达的是惊讶和艳羡。

"哦"声结束,我特聘的摄影师提着相机进来了,他们先是高声"哇",接着低声"哦",一惊一乍,意味深长地叫唤着。进来的是他们以前的物理老师,我的丈夫。

然后按周三的排练进行宣誓,并录像。

第1次,有人忍不住笑,失败。

第2次,主持人配合不佳,卡掉。

第3次,终于配合成功,录了出来。大家欢呼雀跃迫不及待地观看,先是哀鸿遍野,然后是爆笑如雷,最后倒地一遍。

中午,再次观看上午录制的宣誓视频,又是一场不忍目睹却又甘之如饴般地开心爆笑。

看完,教室里蛙声又起。过了一阵,有不少孩子欢呼:耶!全背下了,下午不用低头了。

第九节,元培楼。领导、家长、老师、学生齐聚一堂。音乐四起,横幅高挂,人声鼎沸,好不热闹。唉,可怜的娃,自开学到今天,天天埋头苦学,熬成了苦逼。

有孩子忐忑地问我,到时怎么宣呢?我说,咱们怕什么,咱莲韵九班,前面有8个班挡着呢,看情况。

别班怎么宣,此处省略。只说咱们莲韵九班,简直是刷够了存在感!

其一,别班的誓词很短,有些班甚至只有两句话,8个字,两秒钟就喊完了。别人还没明白过来是怎么回事,宣誓已经结束并且坐下了。而莲韵九班呢,全文多达350字。掐指算一算,我们要把这350个字喊完,该多少时间?孩子们的存在感是不是刷得够久?

其二,别班的宣誓基本上都是"领誓人喊一句,全班跟一句"的模式。莲韵九班则花样繁多,有专门的男女领誓人,有集体宣,还有男女分别宣,并且我还在里面打酱油。

其三,别班同学宣誓时,班主任都在一边旁观。而莲韵九班则不同,班主任,也就是他们的艾岚同学,亲自参与其中,并且还特地为男女领誓人持话筒。

就因为这三点,莲韵九班的宣誓最具特色,也最受好评。孩子们的自我感觉好到爆棚。

除此之外,还有一个亮点,那就是我的发言,绝对励志,不信,请往下读——

亲爱的同学们:

下午好!

28年前,我正读初三。我的政治老师指着我的鼻子气愤填膺地说:"你这个懒惰分子,你要是能考上学校,我手板心煎豆腐给你吃!"事实上,我中考拿了师范类全县第一名。

我的人生,并非这一位老师进行了预判。我小学的启蒙老师,说我这辈子只配给我的隔房堂妹提皮鞋。事实上我堂妹小学三年级就辍学,早婚早育,遇人不淑,教女无方,现在的处境很不好。不论是物质上,还是精神上,她与我都差得很远。

还有我中学的数学老师,说我这辈子只能待在乡村学校守庙子。事实上我一步一步从乡村学校到镇级学校,再到县级学校,后来又到省城学校,现在,站在你们面前了。

为什么我的人生能够逆袭?因为我不服输!我不要他人来断定我的命运,我不能让我的失败来证明他人的正确!我必须要过一种我能掌控的人生!

也许有同学会说,你能逆袭,那是因为你聪明,你是学霸!那么我告诉你们实情。我的小学老师之所以断定我只配给我堂妹提皮鞋,是因为小学一年级时,我连10以内的加减法都不会,并且还野蛮调皮。我的政治老师之所以预言我考不上学校,是因为他多次抓到我迟到。我的数学老师之所以说我一辈子只能待在乡村学校守庙子,是因为我读书时,数学不是最优秀的学科,我学得比较吃力。

看看,像我这么差劲的人,都能一次次成功逆转,你们个个都有聪明的脑瓜子,有什么理由做不到呢?

那么,我是靠什么进步的呢?

首先是勤奋。我脑子不算特别聪明,但我一定是特别勤奋的那个人。别人学习的时候,我学习,别人不学习的时候,我也学习。别人学一个小时能完成的任务,我用两个小时完成得更好!

就这个寒假,我断了网,除了回老家陪了父母几天,我基本上没出门。天天都在家里看书(每天50页),看电影(每天一部经典电影),梳理我的新书稿,截至开学前一天,所有作业全部完成!请问,在场所有同学,有谁对自己这么狠?

其次,我不怕失败。每一次失败,对我来说,都是一次成长的契机。因为不怕失败,所以我的内心很强大,我能始终如一地坚持。我始终相信,只要我不停止,我一定能走到我想要走到的地方。同学们扪心自问,很多人停下来不走了,是因为智力不足,能力不够吗?非也!而是遇到一点挫折就轻易放弃了，或者说没及时看到曙光就认为永远堕入黑暗了。其实，成功没有你想象的那么难！不信，我们打个赌，你一直坚持不懈地朝前走，走到40岁你还看不到你想要看到的风景，你来指着我的鼻子大骂，我会好好活着，等着你来骂我！不过，我有绝对的信心，你真要来找我的话，一定是表达感谢！

第三点，我学习和做事都盯着方向，讲究方法。有个成语叫"天道酬勤"，没错，勤奋的人成功概率比懒惰的人高很多。但必须有个前提，那就是勤奋的方向要对！我让你去润东农庄，你却撒开脚丫子朝牛山公园跑，你的勤奋会达到预期的目标吗？所以同学们在努力朝前冲的时候一定要认准方向！

确定了前行的方向，那就要思考如何才能走到目的地。这需要科学的方法。工作、学习、生活，概莫能外。说到学习，我看很多同学都不讲方法。比如学语文，从未见他读过一本课外书，从未见他留意过身边的花草树木，人鱼鸟兽，从未见他主动背诵过一首诗词一篇散文，这样的状态，你想考出优异的成绩，除非你是超人，但你是吗？

还比如数理化学科，既不会听课，也不愿意做题，更不愿意总结规律。其实说白了，是不想思考，就是对自己的大脑太溺爱了，最后把自己溺爱成了不会思考的人！其实方法这个东西，除了常规的可以推广外，很多都要靠自己去琢磨，然后找出其中规律，适合自己的才是最合适的。我当初读书时，每天下课，放学，我都抱着一本数理化习题集。我一有空就看习题。会的，马上勾掉，不会的，立即演练，如此反复，每种类型的题我做了几百个，规律就摸出来了，但又没费多少时间。这些习题集并不是老师要求做的，而是我给自己加的额外福利。

最后，我希望我们每个同学都要相信自己，看清自己，对自己狠一些，那么，生活回报给你的，将有很多意外的惊喜！我相信天上一定有掉馅饼的事，关键在于馅饼掉下来，你有没有能力去接住！

同学们，距离中考，不过百日，此时不搏还待何时？为了给自己一个满意的交代！为了不让自己后悔！咱们一起努力朝前冲，好吗？

艾岚心语▼

教育的核心在于激扬学生的生命。怎么激扬？当然是创设情境，用走心的文字去唤醒孩子沉睡的心。当孩子的心被唤醒，他知道自己在想什么，需要什么的时候，就很容易点燃孩子内心的欲望之火。注意，不要一看到"欲望"这个词就色变。事实上每个人都有无穷的欲望，关键要看这个欲望是什么，很大程度上由家长和老师播下的种子来决定。班主任在发表演讲的时候，切忌说空洞无用的大话，最好是先对孩子当下的处境感同身受，让孩子觉得老师跟他是同路人，从而拉近双方心灵的距离。接着以自己的成长经历为例，现身说法，将自己成长中遇到的困境，以及如何克服困境的方法告知孩子，让孩子明白困难对每个人来说都是存在的，关键是怎么面对。只要说得真实、真诚，孩子是很容易听进去的。比如我在上文中，就特意说了我早期的各种不如意以及老师对我的各种负面判断，但我仍然突破种种阻挠成功逆袭了，为何呢？因为我除了有咬牙切齿的坚持之外，还有正确的学习方法。这就告诉孩子，光有主观上的愿望还不足以逆袭，还需要适合自己的方法以及超强的执行力。因此，努力寻找自己的成长密码很重要。

如何指导偏科学生克服对学科的恐惧心理？

莲韵九班的陈宇凌，是一个品行、性格、习惯都堪称优秀的女孩，但她偏科严重。数理化学得不赖，体育成绩也很棒，尤其是跳绳，还得过光明新区的奖。但语文和历史，用她自己的话说，特别狗屎！

昨天我在评阅她的《中考高分》时，再一次发现她的名著阅读和课外文言文做得极差，基本搞不定这两个题。如果说这两个题难度太大了，那么古诗默写那10分总该保全吧。可是，每次看她的古诗默写，我都心焦难耐。为啥呢？上次错的，下次还在错！注意，并非她没有订正，她订正了，不过原题再现时她又错了，她总是被同一块石头绊倒。不仅我语文学科屡讲屡犯，历史老师也在吐槽她错字连篇，答非所问，思维断层。

一个非常聪明，并且非常勤奋的女孩，为何会出现这种情况？

昨天，我叫小陈来办公室找我。她来了，一脸的局促和不安。我懂她的心思，她知道我一直都很看重她，可她始终没有在语文学科上给我长脸，所以她每次看到我，总是怯怯的。

我拍拍小陈的肩膀，温和地叫她坐下，柔声问道："名著题为何没做呢？"

小陈又局促又羞涩，答道："我不会。"

我惊讶了，说："这可是《格列佛游记》里面的片段啊？难道你没有阅读？"

"我只读了《简·爱》（《简·爱》是我上个学期安排大家阅读的）。"小陈小声答道。

"你们初一初二不是有阅读课程吗?还专门安排得有阅读课,你怎么会没有读课标要求的书目呢?"我不解地问,语气里有些生气的味道,但不是生小陈的气。

"阅读课是有,但课上没有做要求,随便读,想读什么就读什么。"小陈说。

我还能说什么?开设了阅读课程,可是却没有具体的要求,竟然让学生自己发挥。事实上这种做法也未尝不可,但有一点必须要明白,自由发挥的前提是一定要完成课标任务!毕竟孩子们要面对考试这个关口啊!没有读,那就一定不会做!

心中暗叹一阵后,我指着小陈的卷面说:"卢晓雪、温佳婵、李慧婷、马安琪,她们之前做出来的题准确率也不高,但这两周的'每日甜点'做下来,明显地看到她们在进步,为什么你还保持着原状呢?尤其是这个文言文,我都已经评讲了,错的你是订正了,但漏掉的却没有补充,为什么?"

小陈有些惶恐,嗫嗫嚅嚅一阵,说:"不想管它,没有兴趣。"

"除了没兴趣,应该还有恐惧感吧?"我沉重地说道,"当然,兴趣是最好的老师。但是,很多时候,没有兴趣,我们也一样可以学得好。很多时候,我们都不是为兴趣而学习或者工作,而是为责任学习和工作!尤其是我们在没有能力做选择的情况下,我们更没资格奢谈兴趣!你说历史不感兴趣,到了高中,你若选择读理科,历史还逃得了。可是语文呢?不管你是读文科还是理科,语文学科都是你稳稳的老大。"

以我对小陈的了解,我以为她的问题不在没有兴趣,而是恐惧心理在作祟。因为语文素养不高,对文字的领悟能力相对较弱,理解起来比那些文科思维强的孩子慢,每次考试的效果也不是特别好,所以她对这门学科越来越怕。

那么,我该如何帮助她克服这个恐惧呢?

首先,我现身说法,用我自己的成长经历告诉小陈:她所遭遇的困境别人也有,并不奇怪,也不用害怕。

我自己当初对做老师一点兴趣都没有,我压根都没填报这个志愿,我的志愿都被篡改了,但我现在是个非常不错的老师。我读初中的时候,对英语这门学科毫无兴趣,但为了升学,疯狂恶补,中考时英语拿到了90分。

还有,我以前有非常严重的密集恐惧症。我还记得我当初看游本昌主演的

《济公》里面有个铜钱腿的画面，恶心到呕吐，三天吃不下饭。后来我读到一本《怪味心理学》，里面提到有个物理疗法：越恐惧越看。只有面对才能突破恐惧心理，我照做了。现在面对那些密集的东西，虽然心理也会不爽，但不会恐惧到头皮发炸，恶心呕吐了。我对蛇也非常恐惧，看到蛇我都会吓得发晕。有一次我带着学生去家访，突然从草丛里蹿出一条蛇来，我吓得闭着眼睛乱叫乱跳。后来专门看《动物世界》里面的蛇虫画面，恐惧心理也得到了缓减。现在再看到蛇，我还是会心有余悸，但不会恐惧到发晕了。

其次，也需要老师的信任。相信孩子通过自己的努力能得到提升。我跟历史老师以及体育老师沟通了。既然小陈的体育已经是稳稳的满分状态了，那每天的大课间就没必要天天去训练了。每天的大课间体育训练时间，历史老师下楼督练，我就给小陈做语文针对性辅导，我下楼督练，历史老师就给小陈做历史针对性辅导。我们都有这个信心，只要师生同心，小陈的语文和历史还是有提升空间的。更重要的是，有了老师的信任和帮助，小陈的恐惧心理会慢慢消除，重扬自信的风帆。

另外，也要跟家长沟通。提醒家长多鼓励，并且一定要坚信自己的孩子是可以突破这个难关的。很多时候，中高考前夕，家长的焦虑甚至比孩子还严重。家长的焦虑无疑也会增加孩子的恐惧感。

班主任当久了，我们就会知道：乖孩子受的伤最重！尽管小陈在历史和语文学科总是败北，看起来没心没肺毫不在意似的。其实她心里是很在意的。每次她看到我，表情都是一副怯怯的样子，我心里就会泛起一阵隐隐的疼痛。

对这种文科思维非常欠缺的孩子，接纳、信任、帮助才是最重要的。老师的恨铁不成钢，痛心疾首，焦虑万分，不但不能提升孩子的文科素养，还会增加孩子的恐惧感，以至于永远跟文科绝缘。

艾岚心语 ▼

孩子偏科，偏的要么是思维方式，要么是能力素养，要么是行动和习惯，要么是个性心理。班主任老师面对学生偏科这一现象，首先自己不要焦虑，一旦这种负面情绪传递给孩子，孩子就更容易自我否定。其次不要责怪孩子，孩子一旦受到责怪，内心就会焦虑甚至恐惧，对自己更加缺乏信心。老师要做的，就是在态度上相信孩子。其次是分析孩子的知识结构，找到其薄弱的根源所在。第三是对孩子进行针对性训练，这种训练短时间是可以见到效果的，对增强孩子的信心很有帮助。当然这都是在既成事实的基础上做的。真正有效的做法，还是早期的科学训练，比如针对理科思维差的孩子，一定要把他们带到运动场上去，因为运动可以增强理科思维，利于孩子们学习数学、理化。而文科思维较弱的孩子，可以加大他们的阅读量，带他们朗读美文，参加各类语文活动，长期的字词浸润、文学熏陶，文科思维就会大大加强。小陈同学最终还是克服了她的恐惧心理，中考语文和历史都考得不错。最终考进了她最想考进去的中学——深圳市宝安中学。有一次她回来看我，兴高采烈地讲起她的高中生活，满脸飞扬着自信与喜悦。看着她那张青春洋溢的脸，我突然明白了：学生的自信哪里来？自然是建立在实力的基础上。而学生获得实力，除了靠他自身努力外，还需要老师的信任与鼓励以及科学的指导。

用二百五的精神对抗生活

距离中考只有 92 天了。

随着中考时间的迫近，莲韵九班的一部分孩子不淡定了。而这部分不淡定的孩子恰好就是莲韵九班的希望与主力。

据我所了解到的情况，他们压力很大，心情不好，总是有一种莫名其妙想掉泪的感觉，很脆弱，很无助，还找人哭诉。孩子们出现这种状况，我很能理解，也感同身受。我自己中考前还因为压力过大，得过考前胖呢。那么，我该如何给这些孩子打一支强心剂呢？

心念神动之际，当即拍板：挪用我的语文课 20 分钟，帮孩子们梳理一下他们凌乱的心情。具体做法如下：

课件展示莲韵九班当下现状：

一、账多不愁，虱多不痒。这部分同学就好比行尸走肉，所以毫无压力，每天扎堆傻乐。这类孩子目前只占少数，老师只需怀抱花苞心态，一边催醒一边等待。

二、压力丛生，心焦力瘁。具体表现如下：

A. 灵魂已经醒来，发现以前的荒废，痛苦；

B. 学习效果不明显，与自己的预期目标有差距，焦虑；

C. 忙于学习，忽略了朋友，人际关系紧张，烦躁；

D. 觉得自己努力不够，不能给父母更好的回报，愧怍；

E. 没来由的难受，没来由的生气，没来由的痛恨，迷茫；

F. 忙，累，单调，看不到希望，抓狂；

G. 师者跟父母缺乏体谅和人文关怀，心凉；

H. 外界激励不够，又不懂得自我激励，无力；

我把这个内容展示出来，几乎每个孩子都点头说是，说我把脉把得太准了。

我说："我经历了，所以懂得，因为懂得，所以我慈悲。我每天早出晚归，天天陪伴你们左右，就是因为我懂得你们最近心理压力大。尤其是那些好孩子，受的伤更重！因为不想给他人添麻烦，所以总是压着，哽着，最后憋出内伤！"

所有的孩子都沉默了，脸色有些凝重，但也有些释然。

我动情地说："不要着急，不要悲伤。这是每一个人在青春年少时的成长体验。如果没有，那就辜负了你们的青春！我不是在给你们打鸡血，我是在说真话！"

有些易感的女孩在不断地点头呼应我的言论。

我说："我还送你们两句话'既来之，则安之''让暴风雨来得更猛烈一些吧'！既要有从容的态度，又要有凶猛的渴求！既可以岁月岁月静好，也可以人间猛兽。"

我继续说："古人讲'朝闻道，夕死可矣（语出《论语·里仁第四》）'！这不是心灵鸡汤，这是精神信仰！（这是针对那些行尸走肉讲的，希望他们能听懂。）

"生活的坎无处不在，可是我们不过这个坎又不行，怎么办？教给大家一个办法：用二百五的精神对抗生活！"

孩子们听到"二百五"哄的一声笑了，教室里的凝重气息烟消云散，代之而起的是雀跃的气氛。

看着孩子们的笑脸，我心里很舒烫（舒服、安逸），哎，小孩子嘛，还是要开心才对，每天把自己搞得跟个苦逼一样，有啥意思呢？

"那么，什么叫二百五呢？"我笑着解释说，"就是指傻头傻脑，不很懂事而又倔强莽撞的人。这样的人是真笨，真傻！"

有孩子不以为然地撇嘴接口道："那还要我们做二百五？"

我笑了笑，说："现在又被一些自以为很聪明的人拿来形容'不圆滑，不合群，不懂得转弯，看起来傻乎乎，只是为了自己目标倔强前行的人'！我以前也被同事视为二百五、中二妇女，幸亏他们是那样认为，所以我才能专注于我喜欢的事情之中，没有被滚滚红尘所诱惑。"

孩子们被我说服，脸上再次溢出了笑容，点头应承。

我说："具体做法就是，每天晚上睡觉前都对自己说：让一切烦恼都见鬼去吧！我就要做一个没心没肺的人！所谓的没心没肺不是指没思想没感情，而是心宽心大，不必为一些鸡毛蒜皮的事伤神。这不是逃避，这是积极的心理暗示！可以提升个人钝感力！当个人钝感力提升之后，你就不会在意别人的眼神是善意还是恶意，不会揣测别人的言语之中是否还有其他的潜台词，你的人际关系就变得简单而纯粹。"

我顺便又给孩子们吹嘘了下渡边淳一的《钝感力》，顿时赢得了他们的连连赞叹。

"确定目标，不问结果，不理周遭，不听闲言，不怕阻碍，傻傻地朝前冲！"我先说得很豪气，转而又语重心长地说，"一颗玻璃心既让自己心碎难缝合，也让关爱你的人心痛难愈合！你的玻璃心碎了，不仅让自己受伤，还会割伤别人。"

当然，我特别强调了关爱孩子们的人除了父母，还有我。于是我又情真意切地告诉他们，我是真的很在乎他们。我陪伴他们多过陪伴我读高三的儿子。当然，主要还是我的儿子内心已经强大，已经学会自我管理和科学地分配学习时间，不用我太操心，但他们不一样，他们还正处在成长的摇摆期，所以，需要我更多的关爱与关注。这张感情牌打下去，我看得出，有些孩子眼里已有隐隐的泪光。

随后，我扬起一本书，说："我最近在看《你只是看起来很努力》，虽然作者才20多岁，但他参悟到的人生智慧，很多40岁的人也未必能想到。所以，我摘录了几段话，送给你们。有没有道理，你们看了就知道。"

一、关于学习

总有那些学习成绩非常好，但看起来并不怎么认真的人，很多人把他们定义为聪明，其实他们只是在学习的时候摒弃了诱惑，一心一意在努力，虽然那些努力没有让别人看到，但那段时间没有被干扰。

二、关于人际关系

你以为你在合群,你在浪费自己的青春;你以为你交了朋友,当你毕业一无是处时,谁还会把你当朋友!

三、关于人的诠释

英雄,永远是孤独的,只有小喽啰才扎堆。"二八定律"永远适合地球的每一个角落:百分之二十的人,占有百分之八十的资产;百分之八十的人,为百分之二十的人服务!

四、关于朋友

我不喜欢祥林嫂式的朋友,他们不断唠唠叨叨地给我们洗脑,会潜移默化地改变我们的价值观。他们喋喋不休地强调痛苦,会点点滴滴地腐蚀我们的正气!

离开这些有"毒"的人,去交那些能鼓励你的朋友,交那些在挫折中能激励你的朋友。你的朋友,也决定你的高度!

第四段文字是我特意从书中选出来的。因为我知道有个男孩心好,再加心软,还很体谅人,已经成了一部分孩子倾吐负能量的垃圾桶。一个人,遇到各种不愉快的事情,找人倾述解开疙瘩当然是好事,但如果一味地跟一个人倾吐,那么这个被动的听众是很容易被负面情绪污染的。

最后,我笑着说:"今后有什么痛苦、烦恼、不满、纠结,都找我。我是你们最优质的垃圾桶,风吹不垮,铁打不烂。我不但不会被负面情绪所污染,我还会把负能量变成正能量传递给你们!"

艾岚心语▼

读者诸君或许会问,你搞这么一场事出来,究竟解决了什么问题?明确说,我不想解决什么问题,因为孩子们的状态根本就不叫问题。我只是想告诉他们:我在这里,我一直都在,从未离开;我懂他们,我一直都懂,从未忽略他们!处于考前焦虑的孩子,你总是跟他们说如何缓减焦虑,孩子们会更加焦虑。我个人惯用的做法就是分析他们的生命状态,找出负能量,引发孩子的共鸣，让他们直面这种状态，并且还让他们知道，这些个负能量不是个人专属，而是当下每个备考学生的常态，这样一来，孩子的心就平和了，既然大家都是这个状态，我着急干吗呢？只要孩子这样一想，隐藏在他们心理的各种负面情绪就悄然输出了。接着再给他们打点鸡血，他们就满血复活，拿起武器重新打怪升级去了。需要注意的是，选什么样的鸡血给孩子们打呢？自然是他们喜欢的，我特意把李尚龙书里的部分文字作为鸡血注入到孩子们的心里，是因为李尚龙是90后，是个特别年轻的人，他传递出来的东西，孩子的排斥度低。加上这类年轻人的文字很符合当下孩子的语言表达系统，他们听起来很容易入心。还有一点，这些文字不说大道理，很温暖，很走心，很适合在孩子们迷茫、焦躁的时候输入。鸡汤不是不可以喝，要喝得恰逢其时；鸡血不是不可以打，要打得心服口服。

如何应付复习之中的高原反应？

莲韵九班的孩子跟我吐槽：

老师讲得太快了，跟不上节奏，明明记得的东西，过几天又忘记了。

看书时心烦气躁，看着语文，觉得数学没搞好，心里着慌，于是拿出数学题来做，做着数学题时，又觉得英语句型没有背下来，赶紧又看英语，看着英语时，物理、化学、历史，又压过来了，真是"黑云压城城欲摧"啊。

考试也不顺手了，以前觉得怎么考都还过得去，现在是一考一个败，甚至连强势科目都考不好了！Oh, my God！还要不要我活了啊?！

注意力也集中不起来，总是想一些乱七八糟的事，患得患失。

…………

从孩子们的吐槽中，不，严格说从平时的观察中，我已经觉察到孩子们出现了复习的高原现象。

于是轻描淡写地说道："不急啊，这是复习之中的高原现象，大多数参加中高考的学生在4月份就会出现这种情况，正常得很！"

话虽说得轻松，但在思想和行动上我未轻视过。那么，我该如何来帮助孩子们应对这个复习之中的高原反应呢？

"亲爱的，最近烦心事是不是很多啊？"我笑着问，"比如总是呵欠不断，脑子晕乎乎，身体酸软，感觉到疲劳困倦。"

孩子们几乎是集体性地"嗯嗯"点头。

"还有，总是莫名其妙地感觉到焦虑不安，"我继续说，"甚至还有一种孤独无奈的感觉，别人一句毫不在意的话，你听起来却意味深长，老师一针见血地指出不足，你却觉得老师不怀好意。"

说到这里，有些孩子开始激动，抚着胸口，遇见知己似的点头，说："就是啊，就是这个感觉。"

"总觉得怎么努力都没啥效果，以前非常顺手的题，现在竟然感觉生疏了，以前那股冲劲不断地流失，然后就想放弃，是这样吗？"我笑问。

"是！"孩子们异口同声地答道。

我嘿嘿一笑，说："恭喜你们，终于进入正常状态！"

孩子们"啊"的一声，疑惑地望着我。

我笑笑，说："这就是复习之中的高原反应，就好比去到高原上的人，缺氧，心慌气短，过一阵子就适应了一样。你们现在是学习上的短暂缺氧，因此就有了上述反应，只要我们好好调整，这个反应很快就会消除掉，亲爱的，别心急。"

孩子们"哦"的一声表示明白，脸上浮出了一些笑意。

我说："一般来讲，复习会出现三个阶段。开始时，各个概念都能清晰理解，很多该记忆的东西很快就记住了，知识运用能力增强，考试成绩也比较明显。复习一段时间后，成绩始终难以提高，甚至还出现退步的现象，记忆力下降，解题能力下降，心眼也变得狭窄，心情也容易沮丧，这个阶段出现的此类情况就叫作高原现象。坚持住，过段时间后，综合运用能力增强，成绩开始上升。高原反应消除，复习效果明显，心胸开阔，心情愉快。你们现在正处在第二阶段，所谓黎明之前的黑暗，只要熬过这个黑暗阶段，你们就将迎来光明！"

听完我这番话，孩子们的脸上有些许喜色。很好，这股适宜的春风被我吹到孩子们心里，我能轻易地感觉到他们心田开始松软的变化。

"尽管出现高原反应是属于正常情况，但毕竟是有副作用的，短时间，肯定能吃得消，但时间久了，身心都会受到损害，"我郑重地说道，"那么，有没有一些办法来应对呢？"

孩子们没做声，定定地望着我，看得出来，眼神里有期盼。

我笑笑，戏谑道："死猪不怕开水烫，知道吧？人有时需要这样一种心态。"

孩子们"嘿嘿"笑了起来。

我继续戏谑："如果这个说法太下里巴人了，那么我们换个阳春白雪的，做个打不死的小强，如何？"

孩子们继续"嘿嘿"笑着，不过都叫了声好。

"其次是目标要明确，但期望值不要超高，适中就行，重视过程，结果是顺带而来的。即使最终没有拿到好的结果，只要过程精彩了，虽败犹荣！"

孩子们颔首点头。看来，我的态度确实把压在他们心中的大石头挪了挪。

"再其次是尽量少在外面吃简餐。这个阶段要保证营养供给，我会跟你们家长沟通的。白天抓紧时间，尤其是一些碎片时间也要善加利用，晚上就可以多睡一会。睡眠充足才能保证你白天精力充沛。据我观察，莲韵九班的朱雅婷、温佳婵、马安琪、卢晓雪、李慧婷等，都很善于利用白天的碎片时间，所以她们就不需要晚上熬夜写作业，白天精力很充沛，复习效率比较高。反之，如陆根、汪振宇等男孩，白天就很放任散漫，晚上回家写作业，不是耽误睡眠，就是草率应付。

"第四点，有事没事，拿着题来纠缠我吧，我不怕为难，也不怕丢丑。有事没事，找我开几句玩笑吧，我虽然年纪大了，但心态年轻，玩笑还是开得起的。学习累了，跟同学聊几句，既缓减了自己的压力，也不会因为忙碌而忽略了同学的感受。总之，有个健康的人际圈子，你的那些个焦虑的心情就能得到缓减，甚至消除。

"第五点，根据自己的实力以及学科特点，科学分配时间。比如说数学，现在还花大量精力去搞最后那个大题。实话说，纯粹是瞎子点灯白费蜡！那么着力点在哪里呢？基础题硬抓，中档题死抠，反复记，反复练，做到烂熟于心，顺手拈来！还比如，同样属于文科，语文的时间就要比历史多。一则，语文总分是100分，得1分就是实打实的1分，历史，总分虽然是100分，但最后记入成绩却只有30分，这个比例你们自己算算。二则，按照深圳市的中考标准，语文有33分的死分，9分的把握分，散文阅读题的分数虽然难拿，但大家都差不多，作文分数弹性虽然大，但只要按照标准完成，差距也不是很大，因此，最后阶段，只要你愿意，只要你克服对这门学科的恐惧，只要你咬牙坚持去记忆和练习，语文学科提分比起理科更容易!

"第六点,不论是哪门学科,死揪错题都是提高复习效率的不二法门!我每天都不厌其烦地给你们批改那33分的试卷,为啥?为的就是死盯你们对错题的态度,以及对错题的订正和落实。但是,对于有些同学,我真的还是蛮失望的,同样的题,一错再错!说明什么?说明你根本就没重视过这些错题,最初错了,中间还在错,最后还在错,中考试卷上出现了,你还是错的!这样的复习有什么意义?

"最后,再一次告诉大家,复习出现高原现象是正常的,但放任不管就不正常了。我们朝一个尖底大缸里放水,开始看见水位上升很快,但放到中上部位时,放进去的水没有少,但水位上升很慢,咬牙坚持住,继续放,最后就会水满而溢。复习也是如此,不论出现了多么艰难的局面,多么低效的状态,都要咬牙坚持住!一句话,熬过冬天,春天就来了!"

这是我前几天给孩子们做的一个心理疏导。虽然我的文字表达的都是我的讲述内容。事实上,具体的课堂上,我用了陈坤在"开讲啦"节目中的演讲《人生路,莫慌张》做暖场。同时,关于高原反应的内容,我也做了课件,有图有文字,很生动很形象。主要是"高原反应"这个概念对孩子们来讲,非常陌生,所以,整堂课主要靠我来讲解。尽管比起活动课,这个内容枯燥得多,但孩子们听得极其认真。这也告诉我们,只要是孩子们真正需要的,即便枯燥,他们也是愿意接受的。

艾岚心语▼

事后几天我在教室里反复观察,莲韵九班的孩子状态还算好,明显地感觉到我的"高原反应论"扫除了他们心中的阴霾,孩子们也更加自信和主动了。有天我对苏元晟说,后面我要抓一下你,做好准备没?我话声一落,李慧婷马上说,老师,抓一下我吧,我还不够好。李慧婷的话一停,教室里顿时七嘴八舌:老师,抓我,还要抓我,抓我吧。我笑笑,柔声说,好,都抓!把你们鼻血都抓出来!孩子们产生复习高原反应并不可怕,但如果班主任老师没有敏锐地觉察出问题,没有对孩子进行及时的疏导,孩子们的心理压力就会无穷大。班主任老师在梳理之前，一定要对"高原反应"这种心理反应进行充分的准备，语言表述时要科学、严谨，但语气要给孩子传递出一种云淡风轻的感觉。这样一来孩子就会觉得这是正常现象，虽然让人焦虑，但并非不可消除。有了这个心理基础，再教给孩子具体的操作方法，最后指导孩子如何落实。那么，备考阶段所产生的高原反应就只能算是个体短暂的心理体验，根本不会对孩子造成严重影响。

临近中考，成绩上不去，班主任怎么做？

新区一模成绩出来了，莲韵九班仍然没有突飞猛进（我觉得我书写不出这样的传奇），我表示很遗憾。虽然我和孩子们都很努力，奈何基础薄弱与天赋不足，短短一个多学期，纵使我费尽心机，进步也是蹒跚而行。

不过令人惊喜的事总是有的。温佳婵和陈宇凌这两位女孩纵身一跃晋升为学霸，杀进了年级前10名。加上朱雅婷，就算莲韵九班再不济，也有三位女神屹立在前端了。

认真分析了孩子们的成绩之后，原因不难找。

一、基础薄弱。虽然现在孩子们很努力，但由于知识漏洞很多，堵住这里，那里又出现了。总是在不停地补漏，总是漏洞百出。但是，我们必须坚信，漏洞只有补一个才会少一个。所以后期的复习，死磕错题是必须贯彻到底的策略之一！

二、文科思维偏弱。这体现在语文和历史学科上，但凡遇到需要咬文嚼字才能琢磨出其意思的，除了极少数几个孩子一路花开外，其余都会人仰马翻。而文字理解能力又不是短期能提升的，因此，虽然师生都很辛苦，但收效甚微。

三、复习高原反应很严重。由于之前的知识不过关，复习的时候猛往脑子里灌，所以单讲知识点，都还知道，一旦综合运用，就迟疑不决，甚至昏昏然乱下判断。痛心疾首啊，希望每个孩子都要明白：学习一步一步扎好基础是多么的重要啊！为什么要等到百孔千疮了再来修补呢？

四、做题意识很差。莲韵九班的孩子真是任劳任怨。不论老师布置多少作业，都会一一笑纳。但是，评阅他们作业的时候，脑神经都会扭曲。为啥呢？只图完成任务，至于怎么完成，完成的效果如何，自己能从中获得哪些收获，不是他们思考的。面多这种极其听话，却又极其不动脑子的孩子，我真的是忧心忡忡。我忧心的不是他们的成绩提不高，而是忧心他们这种意识将会令他们进入职场之后吃尽苦头。

备考阶段，不论内心多么强大的孩子，他们的情绪始终是跟着分数走的。但我，是老师，成年人，并且身经百战，个中缘由都很清楚。因此，必须要及时就这次考试与孩子们沟通。

第一个问题，我问孩子们：除了分数，我们还能从这次考试中获得什么？

生1：今后要仔细地看题目，帮助自己找到重点。

生2：细节决定成败，试题看起来很简单，但真正做起来的时候总会犯一些低级错误。

生3：让我更加坚定正确地分配时间，知道了重点该放在哪里。

生4：听从学科老师安排，努力复习准没错。

生5：不练题难提高。

生6：以后考试一定要心平气和，不要心急，也不要粗心。

生7：考试中检查很有必要。

生8：想要快乐地度过每一天，也想要出众的成绩，二者不可得兼，只能咬紧牙关向前冲。

生9：发现了自己还有哪些知识没有掌握。

生10：认真对待弱势学科，不再逃避。

生11：书写很重要，因为书写不漂亮，不论是英语还是语文，作文都低了三四分。

…………

上述内容其实是孩子们用文字呈现出来的，写得很细，也很多，我只是摘录了部分。

接下来是我为孩子们支招：我们该如何提升后期的复习效果？

一、态度很重要——态度决定高度！

1. 拍着自己的胸脯对自己说：我能对付这些困难。

2. 大胆自信地告诉自己：胜败纯属正常，下次卷土重来！

3. 必须明白，起落乃是淬炼，美丽的雕像必须经过千刀万剐。

二、目标是必须——有目标才有方向，有方向才不岔道。

请你牢记自己想要的以及能要的（关于自己的目标，我已经指导孩子们制定了，由于目标是私人化的东西，我不赞同公之于众）。

三、行动是根本——没有行动，一切美好愿望都是水中月镜中花。

因此请你牢记：知行合一是成功的不二法门。接着闭紧你的嘴，拿起你的笔，抬起你的腿，走好你自己的备考之路。

四、细节不忽视——细节决定成败。

1. 不磨蹭，一分钟都不浪费。

2. 不马虎，欲速则不达。

3. 不依赖，所有的任务尽最大可能自己完成。

4. 不扎堆，庸人才成天扎在一起叽叽喳喳。能人都希望独处并且享受孤独。

五、方法是效率——不讲方法的做法是低效的。

1. 坚决不要小聪明，时刻给自己敲警钟，不糊弄自己。

2. 学习不能小富即安，优秀是坚持出来的。

3. 专心致志，一心不可二用。

六、刷题是保证——除非你是天才，除非你过目不忘，否则，你必须做大量的练习，没有为什么，只有必须做！

敬告各位：只要有时间，滚一边刷题去！

七、心态是关键——沉住气，成大器。

心平气和，处变不惊，天无绝人之路，车到山前必有路，老天爷始终垂爱努力的人，只要努力了，虽败犹荣！偶尔学一下阿Q的精神胜利法也未尝不可。

八、肺腑之言——我是过来人，以一个学姐的身份真心实意告诉各位：

合理分配学科时间！不能只顾自己感兴趣的学科！

越是薄弱，越能提分的学科越是要死磕！

九、老班寄语——艾岚同学寄语分数靠后的同学：

现在落后不等于今后落后！

不善于读书不等于不善于做其他事情！

天生我材必有用！

条条大路通罗马！

不是你们不行，而是当下的评价机制有问题！

选择适合自己走的路才是最聪明最智慧最有前途的做法！

祝你们在人生的大道上像野马一样奔腾！

艾岚心语▼

  这其实是一堂针对一模考试成绩的班会课，我将其整理出来，目的是要打印出来让莲韵九班每个孩子再读一次。希望这些文字能穿透到孩子们的心灵，从而把自己找回来！读者或许会说，钟老师似乎很喜欢用走心的表达去激励学生。是的，这确实是我常用的方法，仔细阅读的话，就会发现我怎么说并不重要，重要的是我选择什么时间说，说什么。当孩子们积极踊跃的时候，我们只需要站在旁侧，对他们竖起大拇指，然后使一个赞许的眼色，说几句肯定的话。当孩子们诸事不顺，遭遇失败，这个时候，老师必须上前，用肢体语言告诉他们：我在这里，我从未离开，我是你们最坚实的后盾，我永远相信你们！这些精神力量就是孩子们赖以成长的源源不断的活水。然后用口头语言或者是文字告诉孩子们：解决问题的方法有很多，只要我们愿意去寻找，一定可以解开这些难解之谜。班主任对孩子既有精神层面的支持，又有正确方法的指导，还有不离不弃的相伴，相知相遇的理解，这样一来，孩子们就特别有安全感，就会克服学习带给他们的各种恐惧。陪伴，是班主任送给孩子最好的礼物，在陪伴的同时，还能给予孩子精神力量和实操手法，那么孩子们心灵开窍，朝向美好就只是时间的问题了。

如何改变学生假努力的现状？

莲韵九班的孩子们：

今天是2016年5月1日，距离中考还有55天。所幸中考时间延后一周，你们的时间又宽裕了一点。

但是，就你们的状况来看，多这么一周时间又有何益呢？

看起来我似乎在吐槽，在表达我的不满。事实上我没有什么不满。这一年里，我跟你们相处，总体上很愉快。

没有孩子无端质疑我，更没有孩子无厘头地跟我顶嘴。基本上我说什么就是什么，教着这样温顺的孩子，我有什么不满足呢？

但恰恰就是这种温顺，让我忧心忡忡。

因为，这种温顺，不是独立思考后的基于理解与合作态度上的温顺，而是不加思考不愿意付出的温顺。这样的温顺只会让自己变得越来越蠢。我说过，这个世界上有两种人不可原谅，一种是坏人，一种是蠢人！

关于纪律，关于卫生，我都不说了，这在莲韵九班，根本就不是个事。

我今天只跟大家谈学习上的事。

首先，从态度上来讲，各位貌似都很端正。为何？不论老师布置多少作业，没有人叫嚣，没有人反抗。让大家把作业交上来老师评阅，只要科代表收，没有哪个孩子说不交。如果做得不好，罚抄，20遍，50遍，虽然叫苦，但都能完成。申明啊，我语文学科没有罚抄的。

旁观者肯定会说，孩子们这么努力，这么配合，你还有什么不满足的？不过我得说句实话：多数孩子，只是看起来很努力！

为啥呢？

其他学科我就不谈了，只看我语文学科。作业收起来了，简单的，就做，不会的，就空。难度大的，乱做。只要卷子上的空白填满，作业就算大功告成，至于质量如何，不过问。

我们做的33分逆袭卷（我反复强调了，基础非常重要，抓住基础就抓住了中考），在莲韵九班，找不到一个孩子做完试卷后主动去订正一下。空白的仍然是空白的，错误的仍然是错误的！

没错，这份试卷我每天都改，订正与不订正，我都会评阅。但是，请看看10班，最开始，只有两三个孩子在做完作业会主动去订正，去巩固，在我的提醒之下，现在有十二三个孩子能做到每次写完之后，都会主动更正，这样下来，差距自然就形成了。这也就解释了为何上次新区一模考试时，10班的语文均分要比9班高4分左右这个原因。

这样说来，是9班的孩子不爱学习吗？爱！非常爱！一说买点资料补漏，踊跃得很。一提出新的学习建议，积极得很。但是，经我观察，想法多，做法少，易心动，不行动。态度很端正，言语很周正，眼神很纯正，就是行动不正。这，不仅是多数孩子存在的问题，也是众多成年人存在的问题：看起来很努力，实际上出工不出力！

孩子们，我诚恳地告诉你们：这样的做法，你就是做题做到吐，你的成绩都不会真正提高！因为，你学习上的消极思维方式已经决定了你难以长进！现在是这样，如果不改变，今后也是这样！一直秉持这样的消极思维下去，你永远都是那种看起来快乐，实际上自卑的平庸之辈！如果你这辈子心甘情愿做这样的人，我也不说什么了，尊重你的选择。就怕你心不甘情不愿，却又无能为力去改变，到时怨天怨地，仇优恨富，怨责家人，报复社会。当下，这样的人还少吗？

再说书写，女孩的书写让我稍感安慰。男孩子就要命了，把17个参加中考的男孩的字拉出来遛遛，没有哪一个孩子的字可以让我赏心悦目。我曾经诙谐地评价男孩的书写：陆根的字在睡觉，向往的字在跳舞，苏元晟的字在打架，汪振宇的字在杀敌，唯唯的字，牛逼，像一群黑社会在群魔乱舞！这样的书写，在考试的时候，会造成二次扣分——书写分3分完了，作文分数还降等！

这么说，家长朋友以及其他读者就会质问我：既然孩子的书写不好，那就练字啊，叫嚷个什么啊？

没错，这是个基本常识，我们也做啊，但收效甚微！为啥呢？小学六年，初中二年，整整八年，手写坏了，等到初三学业压力最大，作业最多的时候来练字，并且还要出奇效，哪有这等好事？之前书写漂亮的孩子，在这种情况下，稍不注意还会把字写差呢，何况本来就差得要命的书写，怎么可能在这样的状况下得到大的改善？

这就告诉我们，孩子的成长是有季节的，错过，很难修复！所以，奉劝那些功利主义者，做人做事，就像修房子，一步一步把基础扎牢，一层一层往上建，唯有这样，才不会整出豆腐渣工程。你当真以为"第三个包子"才吃饱的吗？没有第一第二个包子垫肚子，第三个包子起什么作用？

很多家长，包括一些老师都认为：初中那点知识算什么？初一初二耽误了，初三这一年抓紧一点，孩子的成绩就起来了。这种情况并非没有，但毕竟是少之又少的个案，不可复制，无法推广。像《垫底辣妹》中的工藤沙耶加以全校垫底的成绩，经过一年的恶补，最终考进日本最好的大学的事例，拿来励志是不错，但无法复制，整个日本，能有多少个咸鱼翻身的工藤沙耶加？

我说这些，并非是要打击莲韵九班的孩子，我只是想告诉大家，以前耽误了，除了补救没有其他办法。正所谓"出来混总是要还的"，你欠下了知识债务，你又不真心还债，最终的结果是债务越来越多，终至你无力归还的那一天，你就彻底放弃了。

你们问问胡晟，他现在有没有能力归还他以前所欠下的知识债务？说实话，要改变他的学习状况，唯一的办法就是让他从头再来，这办法可行吗？当然不可行。所以，他就只能像一头生病的老牛，拖着一辆破车艰难地行走，直到走不动，他就放弃了。当然，我指的是学习课本知识这个方面。

看到这些，你们以为老师会满不在乎么？那就错了！我是痛心疾首！孩子的成长，究竟是谁耽误的？该由谁来买单？找不到具体的责任人，最终的结果是孩子自己买单！所以，孩子们，醒醒吧，不能只做傻傻的好人，还要做聪明人，能人！不然，等到有一天你幡然醒悟，想要做最好的自己，可是你没有任何的资本，那么你来到这个人世间，就是白走一遭了，可惜哀哉乎！

最后，我再说一句话：有想法，有方法，有做法，三法并行，才有机会成长，否则，你永远都落在你的同龄人身后。如果，你甘心坐在路边鼓掌，也未尝不可。但如果你不想只做鼓掌的那个人，你想赢得别人的掌声，那么，你就必须要付出艰辛的劳动。

你想选择哪一种人生呢？我的态度是，哪一种我都支持！只要你不后悔，不怨怪，心甘情愿，自得其乐就好！还有一点我要特别强调，我今天所说，虽然不能让你的知识与能力立竿见影地增长，但请你牢牢记住并立即践行。因为，你的人生在今后啊！过去的，咱们追不回，反思过去，就是立足当下，展望未来！

爱你们的艾岚同学
5月1日

艾岚心语 ▼

与其说这篇文章是写给孩子看的，不如说是写给老师看的。孩子的成长具有不可逆转性。只要在某个关键点耽误了，后面的补救就相当困难。这就好比小学阶段，老师没有把孩子听课的习惯，写作业的习惯，思考的习惯等优良的学习习惯培养出来，孩子们到了初中，学习能力就很难提升，成绩"哗"的一声就大幅度下降了。因此，身为老师，不管你处在哪个学年段，你都要把你的工作做到最好，千万不要耽误孩子的成长季节！

当然，孩子们的成长漏洞已经成了既定事实，抱怨是没有用的。老师要做的就是先在思想层面对孩子的认知进行拨乱反正，让他们明白，既然已经错失了成长的良机，现在唯一能做的，就是咬牙切齿般地补救。只要新的漏洞不产生，旧的漏洞就会越补越少，最终填平。其次是激励孩子们去行动，再动听的道理，再恰当的表达，再深刻的理念，如果不落实到行动上，一切都是扯淡！

字写得差没关系，在这个繁忙的备考时段，可以写慢一点，写工整一点，卷面干净一点，不求得满分，最起码要做到不扣分。深难度题做起来费力，最起码要把基础夯实抓牢。大目标完不成，没关系，把目标分解成若干个小目标，每天完成一个小目标，相信时间，也相信努力，就算到中考完不成所有的目标，但距离大目标肯定是越来越近。就算在毕业班这个阶段拿不出傲人的成绩，但如果能学得"正确定位，积极思考，坚决执行"的学习品质，那么孩子今后的人生一定是可喜可贺的！

如何为学力不佳的孩子谋出路？

莲韵九班有5个小孩让我特别不放心。

大家别想多了。莲韵九班的孩子都不惹是生非，耍横斗强的，他们在我眼里都是暖宝宝。

距离中考只有40天了，430分（不包括体育成绩30分）的总分，这些个孩子苦学苦熬竟然弄不到200分，就算体育考试拿满分，也很难凑足200分，更何况，据我对他们实力的了解，他们之中无人能达满分。

这个成绩，考普通高中当然是无望了。那就退而求其次，无论如何也得考个职业学校吧，不然9月份去哪里读书？

按去年的职校录取分数线来看，公立职校，最不招人待见的专业都要230分。好的职业学校，比如深圳市技师学院，有些热门专业录取分数线高达380多分，比很多普通高中的录取分数线还高，最差的专业也要290多分。以这些孩子目前的成绩来看，不要说好的职校好的专业，就是230分的门槛他们都难以跨过。

其实，平心而论，我以为他们最佳的选择是参加一些私立职校的自主招生，这样入学的机会也大得多，但是他们一心一意要考进公立职校。这当然是他们的权利，我无权剥夺。

既然无权剥夺，那就尊重他们的权利并加以帮助吧。

事实上，经过两个多月的复习，他们的成绩总体上是有进步的。当然，这个进步也足以看出他们之前的成绩有多差。

这个差,当然是原因的。一则,我不得不客观地说,他们的大脑反应确实要比其他孩子慢一些。二则,我不得不老实地说,他们虽然本分,但不愿意下苦功。三则,我不得不叹气地说,错过了成长的季节,想要在短时间内赶上趟儿,难度确实很大,甚至是根本不可能!

其中有个孩子就跟我说过,小学时,经常听他老师说,谁谁,在初中时天天玩,到了初三,一拼命,就拼到前面去了,高中就考上了。他信以为真,初一初二放了胆地玩,拼了命地嗨。到了初三,想起了,要考高中了。于是玩了命地学,只是,造化弄人,天可怜见,无论怎么拼,命就是不好,每次考试都倒挂。

这当然是扯蛋的说法。可惜这个孩子竟然听进去了并且还奉为圭臬。

现如今说这些都已经毫无意义了。不管是谁的失误,最终的后果都得由孩子自己来承担。有良知的,夜半醒来还悔恨一阵子,没有良知的,或者是脑子装满糨糊的,压根就想不起耽误了谁的事。

那么,我能不能再推推这些孩子?不说创造什么奇迹,事实上,以他们的资质,也创造不出什么奇迹。我的意思是,能不能把他们推进他们心仪的公立职校去呢?

我觉得这个还是有可能的,只要策略得当,并且他们也愿意去执行的话,机会还是大大的有。

于是利用今天下午孩子们去高中楼听英语讲座的当儿,我把5个孩子留了下来。我要给他们传递一个信息:不管他们多差,我都不会放弃他们。

孩子们都听话地留了下来。

我笑着问他们:"唐僧的取经团队,谁的脑子最好使?"

孩子们说:"孙悟空。"

"那你们与孙悟空能相提并论吗?"

孩子们都很有自知之明地摇了摇头。

"谁的脑子不够用?"

"沙僧。"

"谁的懒筋大?"

"猪八戒。"

"没错，在唐僧的取经团队里，孙悟空聪明又勤奋，所以他的业务能力很强，业绩也最好。猪八戒也算聪明，但懒惰，并且又爱耍小聪明，因此业绩平平，时不时还发牢骚，闹离家出走。沙僧智力平平，甚至还稍显笨拙，但他听话，并且愿意执行，也不闹意气耍花招，因此沙僧虽然智力平平，但最终修成了正果。"

孩子们听得津津有味。

"孙悟空的聪明，是天生的，咱们不跟他比。就像咱们班的学霸，除了努力，更多的还是他们的脑子转得很快，我们不用去羡慕。造物主把你带到这个世界上来，没有给你那样，就给了你这样。上不了普通高中，咱就努力上职校。只要你有上进心，职校一样也可以考大学，并且还可以学一技傍身。也就是说咱们做不了悟空，就做沙僧，怎么样？"

孩子们小声地答道："好。"

"那我们该向沙僧学习什么呢？"我追问。

孩子们腼腆一笑，摇头表示不知道。

我说："就四个字，听话，执行！"

"何为听话？"我问，不待他们回答，我说，"并不是叫你们万事顺从，而是要听学科老师的复习建议，把学科老师的每一个建议都牢记在心，然后老老实实去执行。沙僧就是这样，唐僧叫他做什么，他一边应着，一边立即执行。悟空叫他做什么，他也是口头应着，手头上干着，就连八戒叫他做什么，他也是应着并落实了的。正因为沙僧老老实实听话，老老实实做事，所以，他终成正果，成了'金身罗汉'。如果当初他只是表面上听话，实际上不动，那么这个团队最终就会抛弃他。因为唐僧没有能力养一个什么都不干的老实人。"

我头头是道的分析把孩子们说得心服口服，不断点头。

接下来，我就抓着每个孩子分析了。一是叫他们估计明天的体育中考分，再结合他们的文考分数，算出总分，与最低的录取分数线相比，是高出还是低出。

具体数据摆出来，孩子们的侥幸心理就再也藏不住了。看着各自那可怜兮兮的分数，个个脸上都露出了愁容。

我笑着安慰："天无绝人之路，不要着急。只要咱们方向正确，改进一下方法，就算只有40天了，达到公立职校的最低录取线还是没有问题的。"

孩子们听我这样一说，脸上的喜色又出来了。

"关键就在于,要听得进我的建议,并且必须要执行,不能阳奉阴违,"我说,"你们,做得到吗?"

孩子们都表示做得到——他们当然会承诺做得到,因为我生冷地给他们描述了如果连职校都没考上的话,暑假,不论是他们,还是他们的父母都不好过,那种"人若求人矮三分"尊严扫地的感觉实在是太不好了。

"第一,放弃每门学科的高档题。比如数理化,后面几个大题果断丢!历史的深度分析题,甩!语文的文学作品题,果断甩。英语里面的难度题也通通丢掉。

"第二,把数理化的低档题,也就是基础题操练熟悉,把有代表性的题目背下来,考试遇到类似的,就套用,一定会解决一些问题的。英语和历史,下去请教一下学科老师,请她们给一些合理的建议。我的语文学科嘛,选择题最起码应该把语音、排序、混合三个题抓死。默写毫无疑问,必须要求自己得满分——死鱼都抓不住,就别想抓活鱼了。文言文课外的搞不定就算了,把课内的记死,重点篇目我已经讲过,在《中考攻略》里面也有详细的罗列。名著搞不定就算了,不用花时间了,丢了也才4分,无大碍。实用文体,明确说,考试比较简单,并且题型很固定,你把每种题型的官方答题模式记牢,不会打败仗。至于作文,短期内确实很难提高,但你可以根据深圳市近10年的考试题目(我已经列出并做了分析,资料上很翔实),读熟一些范文,到时考试的时候可以仿写,不说拿高分,最起码不会搞成不及格。尤其是小邱,你上次的新区摸底考试,语文才34分,年级最低的分数,均分被你拖下来1分多呢。"

小邱羞愧地低下了头。这孩子,心比天高,并且还缺乏正确的自我认知,总觉得自己学得不错,一定会考出满意的成绩,可每次考下来,都不尽人意。当然,我是不会打击他的。但我也要让他明白,有些事就是努力了也未必得到好结果。尤其是学习这块,并非你越努力越幸运。要想幸运的话,必须要努力,还要加上聪明的头脑,雄厚的基础。不然,他今后就很难接受自己的失败,也很难承认自己的不足,也不愿意去尝试更适合自己的事情。

艾岚心语▼

应试教育猖獗的今天，教育都是有潜规则的。比如多数学校为了能提升自己学校的平均分，就会在中考前做各种砍尾工作。事实上我也会做类似的工作。只是，我有我自己的底线。孩子们的基础实在是差成了无底深渊，我还是会根据这个孩子的能力与兴趣建议他选择自己喜欢的专业去读职校。但如果孩子内心抗拒，或者另有他图，我绝对不会勉强，我会尊重孩子的选择。也正是因为这个原因，莲韵九班留下不少基础很差，动力不足，但又心比天高的孩子。

但这有什么要紧呢？充其量中考时，他们会把平均分拉低一些而已，这重要吗？平均分再重要，也重要不过尊重孩子内心的选择。就算这些孩子成绩差，中考时不可能变成一匹黑马杀出来，但我们仍然不可以放弃！保住他们的积极心比什么都重要。学渣并非没有前途，事实上商场上有很多学渣逆袭。但都有个前提，那就是这个学渣的上进心没有泯灭，好奇心没有消失，竞争意识本身存在，头脑也非常灵活。他们的困难只在于课本的学习，但并不意味着其他方面存在困难。因此，面对班上的所谓"学渣"（我个人从来不给孩子们贴标签，这都是孩子们自黑的），我所秉持的理念就是：不抛弃，不放弃！哪怕你跌到谷底，我都要赐予你绝地反弹的信念与能力！

第六辑

班主任,就应该是造梦高手

激活趋于死机的孩子

我故意跟孩子们诉苦，说我最近有些焦虑，脸上还爆痘了。孩子们马上紧张地问我为什么？未待我回答，就有孩子抢着说了："是不是我们不听话？"我笑着说："No，就是太听话了。"

孩子们集体"哦哦哦"地叫了起来，声音里充满了上当受骗的感觉。

"没错，你们真的很听话，"我诚恳地说，"这么听话的孩子，却成长得如此不尽人意，我不焦虑吗？如果你们是一群熊孩子，那我也就心安理得了，偏偏你们都是好孩子啊，你们配得上过更好的生活啊！可是就你们目前的状况来看，很多同学都在沉睡或者装睡啊。"

孩子们立马不吭声了，个个把头低着，脸上有些羞涩，有些茫然，也有些不甘。当然，也有的孩子一脸坚毅——这是成长愿望比较强烈的孩子。

说实话，我内心之中的焦虑倒是没有，但隐隐的担忧则是有的。为啥呢？莲韵九班有10来个小孩非常的被动。他们就像一团浮萍，风吹雨打到哪里，就甘心浮在哪里。不会抗争，也不会控诉。你说他是啥，他就是啥。如果说他们只是性格柔弱，也未尝不可。因为按照丛林法则来讲，柔弱之物往往是最有生命力的。可他们在其他方面也不求上进。比如，上课，带了个身体来教室，左耳进右耳出；作业，抄写的，不用任何脑力的，肯定做，有深度的，胡乱做出来应付。劳动，你喊，他做，你不喊，他就忘记了。跟他交流，永远都是被动的听众，说得入他心，笑笑，说得不入他心，他也不反感。

这是一群什么人？无公害的绿色人。按理说，我不用去担心这些人。可是，以我自己在社会上摸爬滚打的人生经验以及我的阅读量来看，这样的孩子，今后很难掌控自己的人生！大多数还会受尽委屈。如果是女孩的话，一旦运气不好，遇到恶婆婆或者是人渣男，根本没有能力改变自己的处境，因为她们不是经济不独立，就是精神不独立。

或许有人会说，你可真是"咸吃萝卜淡操心"。是的，我就是要操这份心。因为，这些孩子对我来说，就如同我的儿女一样，我希望他们将来有更好的人生！有能够由他们自己掌控的人生！我的这些孩子，既不是家财万贯，也不是美若天仙。他们没有财富可以傍身，也没有美貌可以消费。他们就是一些家境普通、长相平凡的孩子。他们性格懦弱，学习不好，还不愿意主动成长，请问，他们长大了，能做什么呢？谁会赐予他们机会呢？

念此种种，所以我对孩子们的要求很严格。男孩子，我是天天对着他们吼：男人是野生动物，拿出你们的野性来！赶紧！快！迅速！先死去，再活来……女孩子，我也是天天对着她们"叫嚣"：女不强大天不容！拿出斗志来！做个女汉子又何妨？靠天靠地不如靠自己！这样的"狂嚣"自然让孩子们很紧张，那些个懒散的孩子在我的催促之下，或者说强压之下，比之以往有了些起色。这其实就是我们常说的"鲶鱼效应"。我就是鲶鱼，而那些懒散的孩子就是一群快要闭气的沙丁鱼。

当然，我不只是督促着他们。我也给他们做养心课程，做励志课程。总之，他们每天都能从我这里听到一些以前不曾听闻的可以润泽心灵的东西，我把这些东西的植入过程称之为"启心教育"。

我也会找孩子们谈话。谈话的时候，我的态度与语言表达方式，就是一个慈母。这个形象还真不是装出来的。我看着这些孩子，就是顺眼，就是喜欢，所以自然就满脸慈祥了。谈话多是设身处地为孩子着想，举着例子，打着比方，提醒孩子现在一定要做好储备，以备将来进入职场打拼之用。当然，有时也搞点现身说法，或者是自黑一番，以我自己的亲身经历去点亮孩子的心灯。

总之，我就像一个耍把戏的人一样，这个把式用了又换那个把式。目的就是想要激活这些趋于死机的孩子。

目的也很简单，我只是希望通过我的努力，能够让孩子把人生的遥控器拿在自己手里。这样，他们今后才能掌控自己的人生。比如男孩，你有了真正的本事，有一天，你在某职场混得不开心，你立马就可以走人！因为你有这个资本，此处不留爷，自有留爷处！你不必为了几个小钱而苟且偷生。还有女孩，你有了本事，你经济独立了，你不用仰人鼻息，你精神独立了，别人想要控制你，休想！如果运气不好，你的人生中遇到了背叛你的渣男，你可以优雅地转身。

但如果，你什么都没有呢？你凭什么去选择你想要的生活？

秉持花苞心态，相信教育是慢的艺术，这一切，只是教育心态，而且是教育者必须拥有的心态。教育行动，则必须要积极。如果我不付诸任何行动，天天说着"花苞心态"，喊着"教育是慢的艺术"等着花儿开，其实我是在为自己不负责任找借口！

艾岚心语▼

这篇文章其实是我作为一个老师所秉持的教育理念。我个人一直都很坚持与时俱进的教育理念的学习与吸收。所谓思维模式决定行为模式，教师自己都疏于思考，搞不清楚自己所为何来，那他会把学生带到哪里？班主任工作，其实就是一个成年人带着一群未成年人过日子，这个日子现在怎么过？孩子们今后的日子怎么过？班主任心中必须有个明确的方向。有了方向，才知道怎么去为孩子的生命打上底色，怎么去为孩子今后的人生做好铺垫。很多老师追求带班的"术"，忽略"道"的存在，殊不知，术道是合一的。你只有深深地领悟到了"道"的含义，那些"术"其实就是雕虫小技。我说过，也包括其他学科老师都说过，10班的孩子比9班的孩子聪明多了，但是中考，9班超过了10班！并且还有好多个孩子原打算读职高的，但听说职高考大学的机会少，硬着头皮，咬着牙齿，苦战中考，甚至转回老家上普高。比如张孔伟，比如小邱，比如立新，比如文园。他们的成绩并不好，却要辗转回乡求学，为的是啥？他们说，他们要过一种自己想要的人生，一定要把人生的遥控板抓在自己手里！而这个观点，就是我传递给他们的。

让每个孩子都努力去做最好的自己

莲韵九班的班级成长理念是：让我们做最好的自己！

之所以提出这样的成长理念，是因为我们每个人都是独立的个体，不能被复制，亦不能被模仿，我们只有找到自己的精神故乡，才能长成自己喜欢的模样！

还有一个更重要的原因。莲韵九班的孩子在学业上遭受了沉重的打击，所以班级整体缺乏自信。我要是天天都在班上叫嚣分数，那就只有把孩子逼到死角，可他们又没有绝地反击的力量，此种做法会产生什么样的后果，稍有经验的老师都知道。

那么，什么样的自己才是最好的自己呢？

在我看来：所谓最好的自己，就是找到自己的优势，认清自己的劣势，然后，将优势发扬光大，将劣势逐渐减少。就好比女孩子们喜欢用"美图秀秀"自拍一样，把本身的美留住，再把一些瑕疵修掉，整个人看起来就漂亮多了，两者的道理是一样的。去粗留精，并且那个精就是你的本来面目，只不过是经过修炼的本来面目，当然就是最好的自己啦。

所谓"金无足赤，人无完人"，就是说没有天生的"最好的自己"，"最好的自己"都是后天修炼出来。就好比我，我是"黄+红"的性格。现在的我温和慈祥，理性克制，知情达理，似乎很不错。但曾经，我暴躁，总是让身边的人怄气；我粗糙，总是忽略身边的人；我马大哈，总是会制造一些不必要的麻烦；我自以为是，总认为天下人都是错的，唯独自己是对的……真心讲，真要控诉我的

"罪状",那真是数之不尽。为何如今在我身上就看不到这些不足呢?因为我在不断地修正自己的不足,我一直在致力于寻找"最好的自己"。我不敢说我已经找到了,但我在慢慢地接近,我觉得我越来越好了。我希望在我的生命即将结束之时,能够优雅且满足地对我儿子说:"我这辈子,对自己很满意,我找到了最好的自己,你不用伤心,笑着为我送行吧。"说完,我心满意足地闭上眼睛,含笑九泉。

帮助孩子认清自己后,就要指导他们如何去做最好的自己了。说道理是空泛的,用部分孩子的成长实例来证明是最具有说服力的。

莲韵九班的朱雅婷,她在期中考试勇夺年级第三名,对她而言,考出了历史新高,这也是莲韵九班的大喜事。为何她能考出这样的好成绩?因为她有明确的目标,并且目标感超强。她自己说,她是个不达目标誓不罢休的人。她每天晚上回家第一件事就是写作业,写完之后还要自主复习。每当她想丢下手头的学习去看电影时,她脑子里就会有个小人提醒她,你想要做最好的自己,你想凭借自己的实力考进年级前10名,你要是去看电影,你就会把那个可以考进年级前10名的女孩搞丢的。雅婷的成功告诉我们:有了目标就一定要坚持,才有机会找到最好的自己。

尽管朱雅婷是黄色性格,很强势,目标性很强,但她的人际关系非常和谐,用她自己的话说,她把自己变成了一个八面玲珑却又不失本心的女孩。这是为什么呢?因为她喜欢阅读,善于吸收书中的正面信息对自己进行自我教育。还有,她喜欢阅读一些哲理性很强的美文,用美文中的道理去滋润自己的心灵,慢慢地,她就成长了一个善解人意、富有同理心的女孩,因此,尽管她要强却不强悍;追逐目标,却遵守规则;性格直率却能顾及同学的感受。这就说明,要想做最好的自己,就要善于利用各种资源对自己进行自我教育。

还有莲韵九班一向骄傲自负、喜欢搞事的小汪同学,期中考试之前,主动给我立下一纸军令状,意思是期中考试一定要进入年级前80名(他10月份的月考是110名左右),如果进不了,差一个名次,打手掌心5下。我当即笑侃:"别害我,我可不愿意上头条啊!"小汪立即改成由他妈妈当钟老师面打。我立即斩钉截铁地答应,说:"嗯,很好,毕淑敏女士说,'这个世界给了为人父母者一项特殊的赦免——打是爱。世人将这一份特权赋于母亲,当我行使它的时候臂系千钩'。那如果没达到目标，我就要免费观看亲娘打子的苦情戏略。"说完，我在军令状上写下：立此存照，照此执行。然后非常认真地拍了照片留存，也把此事写进了班级流水账。

过后几天，小汪的母亲问我给小汪使了什么法，说他就像转世投胎了一样，每晚回家都无比刻苦。

像小汪这么聪明的孩子，努力是有回报的。期中考试，他考到年级 74 名。发奖的时候，又是学业进步奖，又是学业三等奖，整个领奖过程我看他很忙，同时，脸上也泛出了得意的光彩。

还有阿根，虽然期中考试成绩退到让我们大吃一惊的程度，但就是这次期中考试之后，他的生命状态是从初一到现在最好的时候（其他孩子反馈出来的）。这是为什么呢？因为这一次他考试虽然失败了，但竟然没有遭受到他爸爸的"屠戮"，他跟我讲，这在以往是根本不可能的事，他简直不敢想，也严重地不适应，但心里真的很舒服。那么阿根的爸爸为何会突然转性呢？这当然是我背后做了非常细致的思想工作所致。真是应了张文质老师的话：家长改变，孩子就改变。

还有诸如温佳婵、陈宇凌、李慧婷、张文晴等，特别喜欢来找我问如何提高阅读能力，如何提高写作能力，并且还特别请求我分析她们期中考试的试卷，总之，学习相当的主动。

那么这些孩子何以有这样的改变呢？我私下问了他们，几乎众口一词：他们突然发现自己很多事情是可以做到的。以前之所以停滞不前，是根本没认清自己，以为自己就是天生愚笨，就是比别人差一截，因此懒得去努力，也懒得去为自己的未来构思，就混日子呗，混到哪里黑就在哪里歇。现在好了，知道自己是谁了，也知道自己想要什么了，只要坚持去做，一定会越来越好的。

听着孩子们的回答，我很欣慰。我知道，他们正在努力地做最好的自己了，他们已经知道怎么去做最好的自己了。这些，都是我能预设到的。只是有一个孩子，我真的没有想到，他的整个生命状态也得到了改变。

这个孩子就是小邱，上周一我给他写了一封信：脸上有微笑，心中有美好。周二将信悄悄递给他，周三我就去北京开会了。

待我从北京回来，他悄悄递给我一封信，征得他同意，录入文档如下：

老师，很感谢你给我写了这封信，是你的这封信，让我彻底改变了，让我努力在寻找真实的自己，以及最好的自己。

以前有很多人说：认识别人很容易，最难的是认识自己。

我在努力地改变自己，把以前的那些严肃都抛开了。我以前是一个不太自信的人，但是，经过三年的风风雨雨，艰难困苦，我最后做到了。现在的我，已经变得自信，是个经历过风雨洗礼后的真实的我！我接纳现在的我。

在生活中，我是一个自信、开朗，很有幽默感的小伙子。可能是受成长经历的影响吧，才会让我的过去充满坎坷与心酸。但我相信，心酸过后，必定有甜蜜与欣慰。

关于我父母的担心，可能我也没太在意。但是，我的言语中也是带有一丝不安的。我希望他们可以理解我当时的心情。我的一切举动，都是想得到他们的关注，哪怕在我犯错误后，一场严厉的责备也能缓减我心中的不安（其实在我的成长经历里，已经受过很多次肉体上的疼痛）。

很感谢你能这么说，这也让知道，我是一个备受肯定的人。我在莲韵九班找到了幸福感，我跟别的同学是完全一样的，我没有跟其他同学不一样的地方。

同时也要感谢同学们，三年的时间，结下了深厚的情谊。这是我收到的最棒的礼物（同学之间应该是在互相影响吧）。

在莲韵九班，我也算得上是一个受欢迎的人。我的朋友真的不少（这我可没骗你），很多同学都认为我是一个值得让人深交的朋友。

在你教我的这两个多月里，我深切地感受到你给我带来的变化（当然，这里面也有我自身的努力）。

在明年毕业的时候，你将看到一个全新的我。相信我，明年毕业时，你将会看到我以全新的面貌出现在你面前，你，包括同学们，都将会看到我的巨变（包括成绩的巨变），那时的我，才是真实的我！

这个小邱，家长本来一而再再而三要求他去读职校，可他一直不从。他说他一定要读高中，要上大学接受高等教育，他相信自己终有一天，一定会找到最让自己满意的那个自己。

中考成绩出来，小邱考得并不理想，连最低录取线都没上。他家长苦劝他去读职高，但他拒绝了。他舍弃了深圳的优越条件，离开了自己温暖温馨的家，回到他父亲的老家读普通高中。他说，虽然我现在并不能让自己满意，但我可以耐心地去寻找，我坚信，总有一天，我会找到最好的自己。小邱的经历告诉我们，想要找到最好的自己，一定要有坚定不移的信念！

艾岚心语▼

"做最好的自己"，其实是一个稍显空洞的教育理念。那么如何才能把这个理念落地呢？我个人觉得第一是要给孩子们讲明白什么是最好的自己。其次是要与孩子们一起来为自己描摹一个"最好的自己"的画像，让孩子们心中有个参照。就好比一个饥肠辘辘的人，眼睛的前方始终有一个诱人的蛋糕，他就会不遗余力地去追逐这个蛋糕。第三点就是要把班上那些先行者的行为拿来与孩子们做分享，看看他们是如何在追寻"最好的自己"，让茫然的孩子有个学习的范本。最后一点，我想说的就是，作为班主任自己，本身就应该是一本教材，你要求学生做最好的自己，你自己是不是已经做到了，或者说正在做呢？师者，传递的不仅仅是语言，更是行动，你的一举一动，都在育人。如果你自己做好了，很多时候，无言就是一种最好的教育！

帮助学生确立自己的人生方向

我问立新:"你怕我吗?"

立新腼腆一笑,温声答道:"嗯,不怕。"

我再问:"那你讨厌我吗?"

立新稍作沉吟,仍然温声答道:"你说我,我就讨厌。"

我笑笑,继续问:"那你能觉察出我'说'你那个话背后的善意吗?"

立新一脸阳光,温柔地笑着,说:"能啊。"

立新是谁?他的人际关系怎样?他的学习成绩如何?他的生命状态如何?

立新,莲韵九班最安静、最不让人操心的男孩。他个儿小,胆儿也小,说话的声音也很小,经常在他脸上能看到笑容,但是听不到爽朗的笑声。

莲韵九班的孩子们对他是如此评价的:

和善、温顺、安分、诚实、斯文、友好、细心、听话、安静、不找事、不惹事、不发火、与世无争、搞卫生很认真。

一个安分守己的孩子生活在一个接纳度很高、整体性情和善的班级里,不论身心,他都是安全的。

还有一个孩子,用非常感性细腻的文字描述了立新——

立新是一个性格很温和,很好相处,很听话的人。他可以默默无闻地为班级做事,不惹是生非。就像是美丽的花儿旁边的土壤,不动声色,不出众，不惹人注目，却可以默默地给予他人养分和水分。

立新的成绩呢？单从数据来看，很不理想。整个年级481人参考，他在第379名。虽然我也在努力地抓孩子们的学习成绩，但我从来不以分数论英雄，所以尽管立新的成绩不好看，我也从未因此嫌弃他。再说了，莲韵九班有很多孩子的成绩不理想，立新生活在这样一个竞争力和嫉妒心都很淡化的班级，心理上是非常安全的。

孩子看孩子，当然都是你好我好大家好。作为一个做了母亲的女人，我看小孩，也是哪里都觉得好。但是，作为立新的班主任，我则看到了立新的另一面：

疲惫、没劲、迷茫、无聊、无所事事、缺乏激情、逆来顺受。

一个极具环保色彩的孩子，何以呈现出这样的生命状态？

因为他缺乏方向感，更谈不上梦想。

莲韵九班只有立新缺乏方向感吗？如果我的答案是肯定的话，那么莲韵九班在连续两年中就不会有种种落后了。

心念于此，立马准备，给孩子们备了一堂班会课：确立自己的人生方向，拥抱自己的梦想。正好第八节是班会课，准备一番之后就去教室与孩子们分享了这堂班会课。

首先是借大家的赞语赞美了立新，然后我话锋一转：咱们班上还有多少立新？

孩子们叽里哇啦一阵后，掰指数出了近10个"立新"。

这么美好的"立新"们，为何他们在班上是默默无闻？为何他们的体魄都很单薄？为何他们的成绩都很靠后？生活为何没有赐予他们美意？

很简单！因为他们每天都很茫然，不知道自己要走向何方，也不知道自己想要什么。即便有些孩子有了模糊的方向，但又缺乏前行的力量。

我让孩子们阅读了一篇短文《人生的方向》，希望他们能从中得到一些启发。

读完之后，我只问了孩子们两个非常简单的问题：你从文本中获知了什么样的信息？对你有什么启发？

很多孩子开始恍然大悟，纷纷说：要想一路走得好，就必须要找到前行的方向！

孩子们的理解当然是正确的。可真实的情况是：他们并不能确立自己前行的方向，也不知道如何根植自己的梦想。这个时候，老师的指导就尤其重要了。

我一直都这样认为：为师者，帮助孩子孩子确立自己的前行方向，引导他们为自己种植梦想，然后带着他们一路开花，欢快成长，是责任，也是使命，更是教育的基本常识，没什么好争论的。

我说："'立新'们是好孩子！他们配有更好的生活！他们也有能力争取到更好的生活。从现在开始，我请所有的'立新'以及莲韵九班其他同学，都必须确定自己的人生方向，然后拿出执行力，坚持不懈地走下来。从记住每一个生字开始，从背诵一首古诗、一个单词开始，从演算一个题目开始，从写一篇文章开始，不要嫌事小，只问自己做没做到！"

孩子们被我鼓动得有些热血，纷纷拿出纸来要定方向了。

我说："先不急，听我说一个故事。"说着，我往下翻开课件，跳出一个英俊的男子，孩子们"哇"的一声表示惊奇。我再翻开一页，是这个男子跟一个小女孩的搞笑合影，孩子们开始大声地猜测男子跟这个小女孩的关系。我没有解释，再翻开一页，是一个年轻女子跟这个小女孩的合影，孩子们又是一阵猜测。我仍然没有解释，继续翻页，翻出是一个年龄60来岁的妇人。孩子们议论纷纷且大声问我要搞什么幺蛾子。

我说："你们看到的英俊男子，其实是我的一个隔房堂弟，小女孩是他女儿，年轻女士是他妻子，老年妇女是他母亲。他现在定居广州，娶妻生女，收入不菲，不仅买了房，还将农村的父母一并接到广州养老。几乎每个周末，我都看到他带着妻女、父母到处自驾游，日子过得潇洒滋润！我这个堂弟小时候特别贪玩，特别不爱学习。初中毕业，升学无望，只得外出打工。我所知道的就这么些，接下来则由我的堂弟来讲述，请听——"

1996年我初中毕业，来到东莞务工，那年我十六岁，对未来无限憧憬。开心地随老乡的介绍入了手袋厂，做了一名普通针车工人，辗转两年，习惯了两点（车间和宿舍）一线的生活，闲暇之余也与工友谈及人生与理想，常叹自己实在渺小和脆弱，世界虽大，却看不见一条路适合我，我开始迷茫了，懵懂无知的少年，怎么可能找到方向！于是追求知识和真理的想法开萌芽，回家去念一个高中的想法顿时占据我整个脑海。

1998年9月，我入学了，成绩是全班倒数第二名。我默默开始了高中时代，我不求名声和名次，但求老师的授课。时间很快过了一年，同学们开始纷纷讨论文理科要以哪些课程为重，但我从不嫌弃任何一门学科，我的想法很简单，就是不论什么课，都必须全身心投入接受学习，因此我顺利成为理科班历史和地理及生物成绩最好的学生，高二起至高三成为副班长到班长。

在高二时我开始真正懂得规划人生和未来了！所谓听君一席话，胜读十年书，我感谢班主任唐老师，是他改写了我的成长轨迹，每个人都将遇到你人生中最重要的人，可能在中学，可能在大学，可能在社会，可能是良师益友，可能是父母叔伯。唐老师为我描绘的未来蓝图，着实启发了我，我开始思考自己需要什么。所谓思考致富或许就是这个道理，一旦你开始思考了，你的人生就开始变得越来越有意义了！于是踏入大学生活成为我人生规划的必经之路！但是第一次高考，我失败了，连专科线都未达到，我不甘心，决定补习一年再战，终于第二年进入普通本科院校，收到录取通知书那天，当时那种兴奋和欣喜，感觉棒极了！

2002年正式进入大学，开始四年本科专业学习，入校以来，一直作为班长带领大家一起努力学习和参加社会活动，期间也担任了学生会组织部长等职务，在校时间不忘初心，除了勤工俭学做家教，公园服务，餐厅服务，摆书摊等，还保持每周三天到图书馆丰富视野。

今年已是大学毕业九年了，八零后的我依然选择回到了曾经熟悉的广东生活，现在的我不再年轻，但不忘初心，学习尽可能多的领域，为工作奔波，为事业打拼。我相信未来没有终点，但是一定要有目标，一个接一个的目标。

最后我想以我的工作经验和社会阅历告诉大家一句话，无论你规划多少梦想，勇敢跨出第一步的行动才是关键！你今天行动了吗？

这不是什么鸡汤故事。这是一个真实版的屌丝逆袭的故事。我的堂弟之所以能够逆袭成功，是因为他有明确的人生走向，目标感非常强，并且始终朝着自己的目标前进。这么些年，我看到很多人因为方向不明颓废沉沦，我也看到很多人因为目标清晰而高歌猛进。

孩子们听完故事后，都不再说话，而是低头在纸上划拉起来。我知道，他们是在寻找自己的人生方向。

我笑着说："孩子们，不着急，我们做任何决定都要先对自己进行一个理性的评估，根据自己的实际情况做出最合理的决定，不要盲目冒进。首先，你要在纸上列出你学习方面的长处和短处；其次，你要列出你性格上的优势与劣势；再其次，你要问清楚自己，你究竟想要什么？今后想要过一种什么样的人生？为了今后能过上你能掌控的人生，你现在必须要做什么？这些问题梳理清楚之后，你就能欣喜地发现，你的人生方向已经明摆在你面前了。然后，再制定目标，咬牙去坚持。所谓的洪荒之力，其实就是咬牙坚持的结果。"

在此，我要特别说明，在指导孩子们制定人生目标的时候，一定要向孩子们说明，遥远的目标可以称之为梦想。既然梦想离我们很远，那么就一定要把梦想进行分解。怎么分解呢？就是追问自己，我要达成我的梦想，需要哪些条件？我目前拥有哪些条件？缺乏哪些条件？缺的自然就要补了。如何补呢？自然是一小步一小步地达成。这些一小步一小步就是近期的目标。抓着这些小目标，各个击破，最终完成大目标。

课后，孩子们纷纷把他们制定的人生方向给我看。我跟他们明确表态，对他们制定的人生方向，我不会公开，也不会嘲笑。不管他们走向哪里，只要是不损害他人，不伤害自己，能给他人和家人以及旁人带来美好，我都会竭力支持！孩子们都很雀跃，似乎一瞬间，他们的心里就像举了个火把似的，灼热、亮堂、欢腾。

艾岚心语▼

跟学生谈人生方向，甚至梦想，在很多人看来，有些生硬，也有些装逼。但是，我们始终要相信，孩子是最容易受暗示的一群人。在他们最容易接受美好事物的时候，我们不帮助他们确立自己正确的人生方向，不帮助他们植入美好的理想，岂不错失良机？

班级，就应该是一个造梦工厂，而班主任，就应该是造梦高手。当我们引导孩子们找到了自己的人生方向，确定了自己的人生目标，孩子们都知道自己心里想要什么了，他心里就亮堂了，他就很容易达成生命的自觉，要找到最好的自己就相对容易。

　　一节课，很难有什么明显的效果，我也不需要什么明显的效果。我只是要让孩子们明白：人要有方向感！人要时不时扪心自问，我该朝向哪里？只有明确了自己行走的方向，孩子们才会少走弯路！教育，需要陪伴，需要等待，更需要提醒和播种！

班主任要以丈母娘的心态培养男生

从外面开完会回来，我满心喜悦地踱着步子进到办公室，然后整个人都不好了！为啥呢？三桶垃圾得意地盘踞在办公室前门的打印机旁，有一桶还堆成了金字塔。这是谁干的？太可恶了！太失职了！

我一边在脑中搜索渎职者，一边拍照。拍好照，渎职者也被我搜出来了，竟然是老实巴交的小宏。

我走进教室，小宏正在跟同学谈天嬉笑，我心平气和地说："小宏，办公室的垃圾你处理了？"

小宏一脸泰然，不以为然地说："是啊，我处理啦。"

我一声不吭，拽着小宏的手臂旋风一般蹿出教室再旋到办公室的垃圾旁，指着三桶傲然挺立的垃圾，厉声说："这是什么？"

小宏不敢狡辩，弯腰低头有气无力地提着一桶垃圾转身欲走。我拽着他肩膀一扭，沉声喝骂道："你没吃饭？我一根手指头都可以勾起一桶，你一个初三的大男孩，你提一桶，你说得过去吗？你！"小宏没有吱声，提了两桶垃圾慢悠悠下楼去了。

各位读者，你们是不是吓到了？是不是觉得我倚老卖老、以大欺小、以强凌弱？看起来是这么回事。但在我看来，我是万分叹息小宏没有早点遇到我这个"凶人"，以至于错过了最好的成长时期！

说起这个小宏，几乎每个老师都会忽视他，但我看到了这个孩子今后的人生一定是充满了艰辛与不顺，我这心里头真是好着急。

他成绩很不好，但看起来很努力。所以即便他每次考试分数难看，老师也不会找他麻烦。

他也从不惹事。即便跟同学偶尔过下招，那也是无伤大雅，无碍大局。

他也从不骂人，应该说，他根本不敢骂人，他没有骂人的勇气和口才，他除了黑着脸生闷气之外没有其他法子。

他也不抛头露面，也不广交朋友。来来去去都是一个人闷闷不乐的样子。偶尔跟几个同学玩玩，都是小学低年级那些把戏。

他也不看书，我给他的《猫武士》看了很久还没看完。其他的书，根本就不正眼瞧一下，他说看着心累，也看不懂。

小宏虽然成绩不优秀，也不喜欢读书，但是作为老师，我对他没有任何负评。即便有些不满意，但我可以等，我有花苞心态，我尊重教育是慢的艺术。所以，我会以一种期待的心情来见证小宏的成长！

但是，假定我是个丈母娘呢？小宏要做我的女婿呢？我会怎么做？明确答复，一个字：滚！

丈母娘挑女婿，挑啥来着？

第一，是不是要看身体？小宏今年15岁了，可是他身材矮小，身体羸弱，到小学去看看，很多四年级的男孩都比他高大壮实！这么个羸弱小伙，丈母娘看得上吗？身体都不好，岂不害了自己闺女？现在的生活，不少吃穿，不缺用度，小宏为啥跟个废材一样呢？据他妈说，吃东西挑三拣四，并且从不运动，每天跟个小猫一样窝在家里不出门。

第二，是不是要看做事主动不主动？尤其是看喜不喜欢做家务！小宏做事主动吗？要是主动的话，也不会出现三桶垃圾并排迎风招展的奇葩景象了。据小宏妈说，小宏从小到大，从来不做一点家务，饭来不想张口，衣来也不想伸手，扫帚倒在地上也不会伸手拣起来，放学回家，什么事情都不做，就一个字：玩！玩玩玩，玩手机，玩电脑，走着玩，躺着玩，坐着玩，甚至纯玩。一个从来不做家务的孩子，责任感哪里来？一个不会做家务，并且也极端不愿意做家务的男孩，怎么懂得心疼自己的老婆？丈母娘会挑这样的女婿吗？除非她跟自己的女儿是世仇！

第三，是不是要看有没有挣钱的本事？为娘的，当然希望自己的女儿嫁个有钱人，免得今后缺钱紧手过苦日子。但如果实在遇不到这样的宝贝男，能找一个会挣钱的女婿也不错。所以，潜力股男孩是大多数丈母娘的选择对象。那么小宏呢？他有挣钱的本事吗？成绩不好就算了吧，你得喜欢读书吧，你不喜欢读书也就罢了，你得喜欢做事吧，你不喜欢做家务事就算了吧，你得做点其他手头活吧，那你手头活也不想做，你头脑活络点，嘴巴甜一点，情商高一点，今后也能混口不错的饭吃。可他就是什么都不想做，只想懒懒地看着手机，躺着，坐着，你打几个滚也好呢，可他偏偏就只做个安安静静的纯玩男子。哪个丈母娘愿意支持自己的女儿嫁一个连玩都玩不出味道的男孩？她有病吗？

第四，是不是要看有没有哄人的情趣？女人嫁人，如果没有人才，那就看钱财，如果没有钱财，那你总得有点趣味。跟一个无趣的男人生活在一起，无聊透顶。无才无色，无财无趣，拿来干什么？买三根香当菩萨一样供起来啊？丈母娘游戏人间，经历风月，跟什么样的男人在一起更幸福更快乐，她难道不懂啊？像小宏这种跟同性难成兄弟，跟异性难成知己的男孩，显然是毫无生气毫无趣味的男孩，丈母娘怎么可能看得上呢？

当然，如果这一切都不符合丈母娘的要求，但如果家有高楼万丈，金钱万贯，三世子孙都用不完，或许，世俗的丈母娘会主动把她的女儿送上门来。但，小宏他是吗？说实话，他家还靠低保生活呢。

我是不是扯远了？一个班主任，有必要考虑那么多吗？成绩起不来，那是他智不如人，还有，各位看他的生命状态，成绩可能好吗？只要尽心尽力了，一切就 OK 了。干吗把丈母娘的心都操了？

我们的教育，可怕就可怕在这里。我们只管问身边的孩子要分数，却从来不关心他的心灵是否成长，从不为他今后的美好人生做一些铺垫。不想想现在给孩子一个松散的少年，今后就给他一个压力山大的中年。

为什么用老师的眼光去小宏，我看不出什么问题？可是用丈母娘的眼光去衡量他的时候，他却是一个决不可能入选的角色呢？那是因为当老师的，过滤了学生今后的俗世人生，忽略了每个孩子长大都要入世过世俗生活的事实。老师只想到把知识传递给学生，然后让学生进考场，考出皆大欢喜的分数，以为这就是教育的成功。我只能说，那是当教练成功好不好？孩子们需要的不仅仅是教练，还有人生的导师。因此，教师必须要为孩子做长远的考虑，教他3年，最好为他做30年的考虑，给他的生命做好铺垫，因为，孩子在他的成长过程中，每做一件事，都在为他今后的人生埋下伏笔。

回头说我之前那女汉子的霸道作风，以及凌厉不容置疑的语气，令小宏极度不爽，一张小脸黑了很久。

中午，我招手让小宏到我身边，温言细语（小宏曾经说过他最喜欢的就是温柔的老师），并且略带幽默，说："如果按照丈母娘的要求，你严重不合格。"然后按照上述所说跟小宏分析了一遍，结果把他分析得咧嘴直笑。我脸色一整，严肃地说："听起来好笑，做起来好难，你不好好改进自己，今后过起日子来好凄惶。"

小宏拒绝成长，很大原因跟他的父母教养方式有关。他的父亲对小宏态度上粗暴，行为上忽略，母亲则态度上懦弱，行为上纵容。但如果，我们当老师的，能够早点发现，适时干涉，能够坐下来以更长远的眼光跟小宏的母亲做深度交流的话，小宏的问题是可以得到解决的。事实上，我以未来婆婆的身份跟小宏的妈妈坦诚交流，遥望了她如果不好好教育自己的孩子，她这个婆婆今后必定受苦。小宏妈妈大赞我说得句句在理，说要是早有老师这样跟她交流，她也会早点引起重视。我也为小宏妈妈支了招，我教她今后一定要以丈母娘的要求去训练自己的孩子，不要怕得罪小孩，也不要轻易放弃自己的责任。小宏妈妈表示完全听我的，事后一定要好好地改变自己，督促小宏朝着丈母娘心中理想的女婿成长。

艾岚心语▼

常年生活在校园里的老师，很容易忽略俗世社会的残酷，因此，这些老师总是以一种脱离生活实际的理想标准去要求学生。殊不知，很多在社会上摸爬滚打的人，看穿了俗世社会的真相，觉得我们的老师"又傻又天真"，心里难免生出一种小视。觉得你这一群老师，要不是政府出钱养着，你能干什么？事实上确乎如此，很多老师生存在体制之中，尽管对体制百般不满，但又没勇气离开体制，为何？在校园里待得太久，实在不适合在复杂多变的社会上混。

但是，做老师的，不可以只有所谓的单纯。要知世故而不世故，要洞察这个社会的种种丑恶，却仍然在孜孜不倦地追求美好！要给学生播下希望的种子，但一定要守护好这些种子，千万不要在没有发芽的时候就腐烂了。要让学生看到未来的种种希望，但一定要教给孩子走向希望、实现希望的本事。如此，就要求教师不仅要雅，要单纯，要明事理，要清新脱俗，更要在雅俗之间切换，在单纯与复杂之间穿梭，在明事理与善忽悠之间变通，在清新脱俗与滚滚红尘之间随心所欲不逾矩。

你究竟想做什么样的男人？

莲韵九班的学科老师跟我说："九班要是没有女生撑着，那就彻底垮了！"我没带他们，或许觉得有些危言耸听。带了他们四个月后，我就信了——事实摆在眼前，不得不信。

学习上，女生积极主动，男生消极被动。每次考试，排名在前的基本是女生，排在整个年级后面的，是一大串男生。

体训时间，女生那是拼死拼命地练。四个月练下来，女生的自选项目仰卧起坐除了丘书晴不能达标外，其余都能拿到 100 分了。男生呢，筋骨懒散，要死不活，篮球练了四个月，只有两三个人能过关。体育老师还跟我讲，要我去篮球场督促男生练篮球，不然成绩难看。好吧，我一个语文教师，当了仰卧起坐的教练还不够，还得去当篮球教练了。

要说抛个头，露个面吧，男生都不敢（向往除外）。一有事，他们都巴望着女生去出头。想起我带过的意搏班，要是哪个女生被外班同学欺负了，意搏班的男生"哄"的一声就冲过去讨公道了，对着欺负者厉声喝道：我们班的女生是神！我们都舍不得欺负，你还敢欺负！真是吃了豹子胆了！一群人，不动一兵一卒，只需气势汹汹，呵斥几声，就把欺负者吓尿了。

班级管理吧，男生也大多缩着，基本不参与，就只晓得在下面细细碎碎地唧唧哇哇。女生往前台一站，怒吼一声，小男生们全都眨巴着水灵的眼睛愣愣地看着，一句话都不敢说。想想意搏班的班长谢成龙，钟馗一般，硬是把闹哄哄的班级管理得服服帖帖。再看看"一心走路"的班长翁杰，虽然生性敦厚，但气度威严，俨然是班级的精神领袖！这两个班长都是如假包换的男生啊！莲韵九班，找不出这样的男生！严格地说，以前没有培养出这样的男生！

有老师可能会问我，这些男生常年被女生压着，他们会不会很自卑，很压抑呢？

我私下找不少男生聊了这个话题。他们竟然很大度地说，不压抑啊，很开森（开心）呐。九班的女生本来就很厉害啊，她们就应该厉害啊。她们要不厉害，我们班就玩完了。

我除了为莲韵九班男生的大度点赞外，我还有些无语。如果他们是刚从小学上来的初一学生，他们的表现可谓是天真可爱，但他们现在是初三的学生，多数都已经是15岁的准青年了，他们还在"天真无邪，幼稚无知"。这肯定不是一个好现象，他们必须成长了！

那我怎么去帮助他们摁开生命的成长按钮呢？

之前做了不少，有些男孩确实有起色，但并没有达到预期的效果。每个孩子的成长按钮都很隐秘，很难说一招中的。事实上，我们要做很多努力，通过很多的途径才能找到这个隐秘的按钮。并且有些时候，付出了努力，也未必就能摁开孩子的成长按钮。但我始终认为，在不影响孩子正常成长的情况下，进行各种尝试是很有必要的。说不定某个招数就在不经意间摁开了那个按钮，这个孩子就会高歌猛进，从此他的人生便一路开花！

今天准备的是三个概念，目的是先给他们开开眼，垫垫底，后面再制订训练方案。

我让女生全部离开教室，10分钟后返回。然后紧闭门窗，拉紧窗帘，男生全部坐在前台周围。那些个男生啊，见我又是赶人，又是关门关窗，并且声音也压得很低，神秘得不得了。于是异常地兴奋，伸着脖子，满脸笑意，围着讲台坐下。那场景，就像过年时，儿孙满堂，发压岁钱一般。

我在黑板上写了三个词：奶嘴男，食草男，野生男。

我写，孩子们念。念完，他们就互相问，什么意思啊？

我笑着说："没见过这些词汇吧？"

孩子们摇头，说，没见过。

我说:"今天就让你们开开眼界,我说特点,你们对号入座,看看自己属于哪一类。"

孩子们很感兴趣,笑吟吟地期待着我说话。

我脸上一本正经,心里则有些小小的失落。那些个男孩啊,眼睛里都闪烁着真诚渴望的光芒。

我说:"我先说奶嘴男的特征,共10条,你要是占了4~5条,那么你就可能是奶嘴男了。"

说完,我便小声地念了出来——

1. 他非常听父母的话,不管对的错的,他都照单全收。
2. 他很脆弱,遇到挫折就退缩,遇到磨难就萎靡不振。
3. 他非常情绪化,前一秒还兴高采烈,后一秒就可能天崩地裂,说过的话很快就忘掉。
4. 他只关注自己内心的需要,而他的心永远是填不满的"无底洞",身边所有的人都是负责满足他需要的人。
5. 他比女孩还会撒娇耍赖,以此引起关注和逃避学习或者劳动任务。
6. 在一个团队中,他觉得女孩能顶整个天,大事小事你干了就行。
7. 他总是大小麻烦的制造者,出了问题习惯向大人摊开双手做无奈状,而大人就是冲锋陷阵的"灭火器"。
8. 他总是埋首于各种各样的游戏之中,网络游戏更是他须臾不可离的终身伴侣,你只有引颈遥望的份。
9. 他认为学习事业都不重要,只要不出大麻烦就好,得过且过。
10. 不懂得照顾他人,特别不会呵护女孩。

我在念上述10条内容时,这个惊呼,"哇,我中奖了";那个大喊,"哇,我中奖了"。声音此起彼伏,好不热闹。

哎呀,奶嘴男占了三分之一啊,其中还有个骨灰级的奶嘴男。

那些个不符合奶嘴男特征的男生很着急,急切地问我,食草男跟野生男的特征是什么?

"食草男嘛，"我故意放慢速度，吊孩子们胃口，沉吟道，"顾名思义就是吃草长大的男人咯。这种男人不具攻击性，温柔体贴、善于照顾人、注重男女平等、细心、安全、情绪很稳定，这可谓是优点。另外，这种男人，凡事被动，喜欢做一个旁观者，被他人认为缺乏男子气概。"

我的话一说完，孩子们赶紧对号入座。竟然有超过三分之一的人数，其中立新被选为极品食草男。

"老师，野生男呢？"有孩子急不可耐地问我，"他们有什么特点啊？"

我笑着说："都说男人是野生动物，现在男人怎么都转性了。咱们班上奶嘴男和食草男占了大多数。我们来看看剩下几个没有对号入座的男生是不是野生男啊？"

说完，我故意停了下来，环视了一圈。我这是有意的，并且是意味深长的。之前在体训时间，男孩总是有气无力，我就会朝他们大喊：野生动物们，拿出你们的野性来！使劲！加油！快！看谁最有野性！我这个鼓动是有效果的，我一喊，那些男孩子就会很拼，因为他们骨子里还是有些野性的，只是家养得太久了，野性快消失殆尽了，所以只有反复激发才会释放那么一点点出来。一旦停止激发，他们又变成温顺的小宠物了。

"野生男的特点呢，"我慢慢地说道，"性格果断，做事主动，有勇气，有热情，为人豪爽，不拘小节，不服输，好斗，并且有男子汉气概。"

我说到这里，有些孩子就很得意了，说，我有啊，我有这些特点。

我笑笑，说："继续听，野生男除了上述特点外，还有大男子主义，做事很粗心、鲁莽，行事冲动，不考虑后果，常常以自我为中心，还刚愎自用。"

没有孩子对号入座了，大家都讪笑着不吭声了。

我问："谁是野生男？"

很多孩子都说："我们兼具三种男人的特点。"

"哦，很多同学是混合男呀，"我笑笑，继续说，"很好啊，把三种男人的优点集中在一起，便是一个优秀的混合男。很好，咱们今后就朝这样的男人修炼去。接下来，老师帮你们整合一份高端男的修炼秘籍，把自己打造成品牌男生！"

10分钟到了，女孩们回来了，我跟男孩们玩的把戏也结束了。不过，我很清楚，这个元旦，男孩之间一定有三个词语在他们的嘴上来回奔波，那就是"奶嘴男、食草男和野生男"。附高端男修炼秘籍——

高端男生修炼秘籍

1. 他精神愉快、健康、快乐、充满活力，对每个人都笑脸相迎，从不生气。

2. 他礼貌待人，尊重女士。

3. 他不吸烟，也不想吸烟。

4. 他不欺负别的男孩，也不允许别的男孩欺负他。

5. 如果不知道一件事，他会说："我不知道。"他犯了错误，他会说："对不起。"

6. 当别人要求他做一件事情，他会说："我尽力。"

7. 他会正视你的眼睛从来不说谎。

8. 他渴望阅读优秀的书籍。

9. 他更愿意在球场上度过闲暇时间，而不是在密室中赌博或者是网吧里上网。

10. 他宁愿失掉工作或被学校开除也不愿意说谎或是做小人。

11. 他在和女孩相处时不紧张。

12. 他不会为自己开脱，也不会总是想着自己或是谈论自己。

13. 他不虚伪，不假正经。

14. 他可以在大街上吹口哨，但在该保持安静的地方保持安静。

15. 他要坐立端正，言行端正。

16. 他的指甲不能乌黑，耳朵要干净，皮鞋要擦亮，衣服要清洗，头发要梳好。

17. 他一定会保质保量地完成他自己的本职工作。

18. 他不会轻易许诺，但一旦许诺就一定要兑现。

19. 他会努力地使自己的学业成绩优秀。

20. 他绝对地守时，并且是一个懂得礼让的谦谦君子。

艾岚心语▼

  网上流行这样一种说法，说当下多数男人是"找妈似相亲"，然后导致"保姆式妻子，丧偶式育儿，守寡式婚姻"。这说明什么呢？说明中国男人普遍心理低幼，不愿意长大。深层次的原因要归结到母婴关系上去。毋庸置疑，原生家庭对孩子的影响是刻骨的，但也不是不能改变。所谓"教者父母心"，教育者确实应该要像对待自己孩子一样对待学生。教孩子3年，应该为他考虑30年。当他们人到中年，为人夫，为人父，如果他们的心智还只是一个婴儿，那么试问，他怎么能经营得好自己的夫妻关系？他又怎么能做一个优秀的父亲？一个人，不论他的学识有多么渊博，如果他不是一个健康的、快乐的人，他没有能力为自己赢得快乐的生活，这样的人有什么幸福可言？又怎么可能成为行业的精英？而教育的终极目标，不正是要帮助每个孩子获得追求幸福的能力么？作为班主任，在学校里面跟学生的关系最为密切，学生又是班主任在进行班级管理时最靠得住的人。那么班主任就应该看到孩子们身上的问题，并且制订相应的整改措施，帮助这些孩子找到最好的自己。反之，对男孩的问题听之任之，不管这个班主任带出了多好的教学成绩，都不是优秀的班主任。

如何帮助学生克服选择恐惧症?

1. 你有选择性困难吗?
2. 产生选择困难的原因是什么?
   A. 完美主义的非正常心理的作怪;
   B. 心智不健全,或者是低幼;
   C. 害怕承担责任;
   D. 可供选择的东西太丰富;

莲韵九班41人参与调查,统计结果是:17人说自己没有选择性困难;24人承认自己有选择性困难。

那么这24人的选择性困难存在哪些原因呢?

11人说是害怕承担责任。4人表示有完美主义倾向。8人觉得可供选择的东西太丰富。1人特别奇葩,说四种情况皆有。这朵美丽的奇葩便是李正权先生(他说,他不介意我这样评价他,嘿嘿)。

统计完毕,我发现了一个秘密,其实这个秘密我心里早已经有数。那就是那12个(加上李正权)说自己选择困难是因为"害怕承担责任"的孩子,有一个共同特点:成绩不够好,体育也撑不了门面,做事慢慢腾腾,说话细细声声,有他们在,不够热闹,没有他们在,也不算冷清。

一个41人的班级,竟然有12个孩子因为害怕承担责任而不敢做出尊重自己内心的选择,这绝不是一件让人高兴的事。那么我该如何去帮助他们克服选择恐惧呢？

首先，我出示了几张图片——

图一：一只猫面对一架子的猫粮，猫猫该怎么选？

图二：一地的包包，你要怎么选？

图三：很多条道路，你该怎么走？

图四：不同型号的衣服，你想怎么买？

这几张图，表达的是同一个问题：选择恐惧症。

什么是选择恐惧症？我告诉孩子们，面对选择异常艰难，无法正常做出自己满意的选择，在几个选择中必须做出决定的时候惊慌失措，甚至汗流浃背，最后还是无法选择，导致对于选择产生某程度上的恐惧。

那么如何自我救赎呢？尤其是那些因害怕承担责任的孩子，怎么办？

我告诉他们：

只有敢于改变，才能救赎自己！如何改变？首先要搞清楚自己为何害怕承担责任？是家长太强势，你在家长面前根本就说不上话，还是家长对你处处控制？是你自卑心理作祟，还是因为懒惰压根就不想负责任，抑或是你能力有限，确实达不到目标？等等，把深层次的原因找到，才能对症下药！

其次，平时多和那些说话干脆、行事果断的人接触，看看他们面对选择时是怎样做的。凡事要看得开，不要想得太多，每个选择都有利与弊，要坦然接受。

世界上每一件事情都是多面性的，没有完全正确与完全错误的选择，主要是看你怎么去看待，认知的方式不同，那么你对事情的看法也会不同。

最后，不管什么事，只要不违法乱纪，不伤害他人和自己，心里想要，就要勇敢去做，即便失败，也有丰富的人生体验。

我说这些话的时候，孩子们听得蛮认真，点头认同我的说法。接下来，我一边说"现在，我们每天都面临着选择"，一边出示了一张PPT，上面罗列了一些问题，如下：

1. 课程越来越难，听还是不听？
2. 作业越来越多，做还是不做？
3. 考试越来越频繁，考还是不考？
4. 体育训练很辛苦，拼还是不拼？

5. 升学无望，学习还是放弃？

请说说上述情况，选择选或者不选，有什么不同的结果？

张孔伟：选择听，很累，很烦，但是多少能听懂一些，不至于掉得很惨。选择不听，很轻松，很放松，但会越来越听不懂，最后完全不懂。

陈永仪：选择做作业，辛苦，甚至熬夜，不过做了作业，知识点会更加熟悉，掌握得更牢固。选择不做，当然轻松啦，不过要被老师责备，并且成绩会越来越差。

文圆：选择考试，有时考得头晕脑涨，但是，会开阔我们的视野，下次遇到类似的题就会很容易。选择不考，轻松，但题型见得少，正式考试时脑子笨，手也很生，做题特别不顺。

陆根：选择拼，累死了，热死了，但拼一把的话，身体得到锻炼了，并且体育中考时分数会提高。选择不拼，躲在阴凉的地方，当然舒服啦，但最惨的是，考试分数低。

麦婉童：选择学习，很累，很忙，学习没有什么效果时，还很伤心，但只要肯学，总会学到一些知识。选择放弃，虽然暂时轻松，但什么都没有了，损失特别大。

待几个孩子说完，我总结道："这就说明，任何一种选择都要付出代价！"

我的话音一落，马上就有孩子接嘴道："那我就不选，我就什么代价也不用付了！"

我笑笑，沉声说道："不选，也是一种选择，仍然要付出代价！"

所有的孩子都不吭声了，定定地望着我，期待着我继续说下去。

我说："既然主动选择，被动选择，或者是放弃选择，都是选择，那么，咱们还是要学会主动选择。如何选择呢？根据自己的实际情况，尊重自己的内心需求，扬长避短，做出自己想要的选择，然后，咬定青山不放松！或者说，一旦选了一条自己想要走的路，跪着也要走完！尤其是那些害怕承担责任而不敢为自己做主的同学，必须要成长起来，你的人生你自己不做主，谁为你做主？现在是父母，今后难道要你的配偶来为你做主吗？你现在不想付出代价，那么我告诉你们，今后付出的代价将更大！"

敢于选择，善于选择，这是一个孩子从小就应该学会的本事。可是，现在有太多的孩子不愿意选择，就傻呆呆地等着别人给自己安排好一切，甘心做一个指东打东、指西打西的木偶，这样的孩子长大能有什么出息？所以，不管孩子愿意不愿意，老师都要去推动他们学会选择，并且乐意选择，选择之后，尊重选择，然后把生命变成奔跑的姿态，朝向自己的目的地，前进！

这堂课上了之后，莲韵九班的园芳同学终于下定决心，去广州大学一所附属学院读五专。她说她报读的是"室内装修"，是她非常喜欢的专业。她还告诉我，之前一直犹豫不决，就是怕承担责任。因为她父母总是说，要是没有学好，就要怎么怎么，她心里就害怕，但是又不想继续跟着大家拼中考，所以就一直颓废着。一旦做出选择，下定决心去广州读书，心里反而轻松了，人也有活力了。

艾岚心语▼

马云说："2001年，我犯了一个错误，我告诉我的18位共同创业同仁，他们只能做小组经理，而所有的副总裁都得从外面聘请。现在十年过去了，我从外面聘请的人才都走了，而我之前曾怀疑过其能力的人都成了副总或董事。我相信两个信条：态度比能力重要，选择同样也比能力重要！"马云的话我深表赞同。很多时候，不是孩子们做不好，而是孩子们没有根据自己的需要做出恰当的选择或者是压根就不愿意选择。这不能怪责孩子，因为孩子本来就是感性动物，他们低头看到的只是自己的脚背，他们只求当下快乐，多半不愿意用当下的快乐去为未来的日子买单。这个时候，班主任的引导就相当重要了。不用指责他们鼠目寸光，只需要帮助他们分析产生选择困难的原因，找到应对选择困难的策略，然后根据自己的内心的需要，当机立断做出准确选择。当然，最重要的一环是一定要督促孩子们根据自己的选择后要立即执行。很多孩子的人生，都输在懒于执行上。最后，我想提醒各位老师，一定要坚定不移地告诉孩子一句话：如果你自己对接受什么不加选择，那么别人就会替你选择，而他们的动机未必很高尚。抱怨孩子惧于选择，还不如指导孩子如何选择，这才是教育者的积极打开方式。

怎样做学生体育考试的场外指导？

今天下午体育中考，孩子们很在乎，我也很在乎。考试我是没有办法替代，但我可以为他们做一些考试之外的事，权当锦上添花吧。

上午第五节，物理课。物理老师有事找人换课，我闻言，赶紧将下个周一的班会课跟他调换了。于是有了下面一段说辞——

1. 不管有没有午休习惯，今天中午都必须午休，睡不着的可以闭眼休息，以保存体力。

2. 午餐不要吃得太油腻，不吃辛辣食物，吃七八成饱即可。准备几颗巧克力，在考试前一个小时吃，准备一罐红牛，考试前40分钟喝。尽量少喝水，以免肚子水多晃荡，影响跑步速度。

3. 身份证、准考证都在我这里，这个大家就放心了。需要准备的有：短裤、钉鞋、纸巾、雨具。有伤病的同学带好护具，云南白药喷剂校医处有准备，如受伤要及时去喷治。

4. 进场前要解决大小便，轻装上阵。

5. 天气比较凉，一定要带上外套，热身时穿着外套，热身完毕也不要脱掉外套，以确保自己的身体不凉下来。各项考试间隙也要随时披上衣物。

6. 考前热身运动必须听体育老师的指挥。我们学校的体育老师都很专业，听老师的绝没有错。

7. 有一定的紧张心理很正常，但如果过分紧张就要调整了。比如出现冒冷汗，口发干，手发抖，站立不稳等现象就要引起重视了。具体做法可以用积极暗示法，暗示自己很棒，很在状态，今天一定能发挥好。暗示的时候要集中注意力，深呼吸。

8. 女生的仰卧起坐我很放心，不在此啰唆。关于篮球和跑步我想提醒一下各位，我相信体育老师已经站在专业的角度跟你们说了。我作为非专业人士也提几点（特别申明，我请教了体育老师的）：跑步时，在听到各就位时，必须做好起跑的动作。听到预备时身体微起做冲出状，枪声一响立即飞跑（这里特别提醒，注意力必须高度集中）。前半程以口、鼻结合呼吸为主，眼视前方。切忌回头、低头、高抬头。起跑尽量靠前，占据有利位置，咬牙切齿狂奔。弯道跟跑，直道再超，120米左右开始冲刺。跑过终点2米才可以停下来，以免没有冲过终点或影响后面同学的成绩。（温馨提示，体育老师请我转告，叫你们一定要记住他跟你们说的起跑注意事项，多看少说，这里面的秘密我就不挖掘了，你们懂滴。）

9. 篮球考试时不要出现二次运球、带球跑、走步等违规行为。补篮时要充分运用任何方式补篮的有利规则，跑回最容易投进的地点，先瞄准再投篮。最后要运球快速通过圆弧或其延长线，不可还没到就接住球停下来。

10. 如遇到成绩错误或不公正时可以向主考提出，申请核对。要注意灵活对待裁判，如发挥失常，尽量请求裁判给一次机会，要以情感人，切忌与裁判顶撞。

11. 注意随身所带物品，防止拿错或丢失而影响考试。看到同伴时要团结互助，互相鼓励，加油。

12. 考试结束确定成绩无误后，注意带好证件和物品有序离开考场。

13. 喝过水的水瓶，擦过汗的纸巾，一定要丢回垃圾桶。

14. 如果身体不适，不必勉强，可以申请缓考，一切都要以身体健康为重心，确保安全。

说完上述14条，我给孩子们放一段视频，名字暂且叫作《你一定能办得到》。讲述橄榄球队员布洛克蒙着眼睛，背着重160磅（72公斤）的同伴，用手和脚爬过一个足球场的长度（100米左右）。布洛克爬行的时候，双手撑地，膝盖不得着地，背上还背着100多斤的人，其难度可以说是超身体极限的，但布洛克在教练的鼓励之下,用坚强的毅力向他人证明了他办得到!

孩子们看完视频,我问他们从这段视频中能看出什么?

他们几乎是众口一词:"坚持,有毅力。"

"没错,布洛克之所以能成功,是因为他有坚强的毅力,始终没有放弃,但除此之外,还能看出什么呢?"

孩子们沉吟着,一时说不出所以然。

"还可以看出人的潜力是无限的。布洛克说他攻30码,教练却要他攻50码,布洛克还说没有人能攻到50码,但他最终做到了。其次,自身的毅力强也是根本,如果布洛克是个软蛋,感到难受就放弃,那他最终也是无缘终点。第三点,他人的鼓励极其重要。你们看到了,布洛克在说背上好重,手好痛,好难受的时候,教练是怎么说的?尽全力,别放弃,继续,加油!声音非常的高亢激烈,极富鼓动性。布洛克在教练的激情鼓动之下,激发了身体的潜力,最终到达终点!因此,今天下午,大家一定要彼此鼓励,相互加油!"

我的"油"字声音一停,孩子们相互之间就在握拳加油了。好现象,我微笑颔首。

最后在我的提议下,用气吞山河的声音喊出咱们莲韵九班的口号:莲韵九班,潜龙升天!我大声喊"莲韵九班",孩子们就更大声地喊"潜龙升天",巨大的声音形成了一波强过一波的声浪。

连续高喊了三遍,孩子们笑得很欢脱。我趁势问道:"有没有信心!"

"有!"齐声吼着。

"吞得下几头牛?"

"九头!"

此狂言一出,立马冒出一句冷笑话:牛是死的还是活的啊?

我"切"一声,说:"太没幽默感了,人家气吞山河,你们就吞个牛,还问死活。"

孩子们哈哈哈笑翻了,下课的铃声也打响了。

中午2点去班上,孩子们一边做"每日甜点"一边高谈阔论,无论是神色还是声音,都极其兴奋。考场安排咱们班要4点才轮到,现在就兴奋起来,等到考试的时候,他们的兴奋劲就过了。

心念之间，我一边说，一边在屏幕上打了两个词语：激动——鸡冻。

孩子们纷纷问我："为什么会变成鸡冻？"

我笑着说："你们从现在开始就亢奋，肾上腺素就飙高了。客观地说，人的身体承受能力是有限的，等你肾上腺素飙到考试的时候，身体就疲软了。身体疲软了，任你有坚强的毅力，你都跑不动，为啥呢？因为你由激动变成了鸡冻，你成了一堆无骨肉，拿什么跑啊？"

孩子们被我的话吓倒了，赶紧闭嘴不说话了。

我笑意盈盈，说："调整气息，让自己心平气和，注意力都集中在甜点上。跟平常一样，该干嘛干嘛。不用担心，有我在，出不了任何状况。到时我会来教室带你们下楼。我们是东道主，是主场，怕什么？天时（今天特别凉爽，深圳的5月，很少有这样凉爽的天气）地利人和都占全了，还怕打这场仗吗？"

孩子们不再浮躁，静心低头做每天的甜点小测试。

3点20分，去教室带孩子们下楼，提醒他们如果觉得饿就吃一颗巧克力，不饿就喝一罐红牛，然后调动细胞开始兴奋。

孩子们依言开始兴奋，不过，似乎是装出来的耶。他们心里其实是有些紧张才是真的。

带着他们下楼，将他们送给体育老师去做热身，我在一旁陪着。做了一会热身，孩子们额头冒汗，脸色发红，身体做开了，心情也放松了不少，身心都开始兴奋起来。

考试的程序他们都很熟悉，这个不用我来操心。等他们做了检录，我稍作叮嘱，就去距离终点50米的地方等着，我要像个疯子一样给他们加油！

我真的像个疯子耶，手舞足蹈，高声狂叫，我才不管别人怎么看。我的眼里只有我那咬牙切齿拼命狂奔的孩子，我必须为他们加油！义无反顾！无怨无悔！

考完，孩子们跟我汇报成绩，除了极个别因身体原因（最近天气变化大，班上有四五个孩子正在感冒发烧，可他们又不愿意申请缓考）发挥欠佳以外，其余都说相比平时的模考进步了。最终成绩会以什么面目呈现到我这里来，现在我也没个准。不管是什么样的结果，我都接受，因为，就孩子们自身来讲，他们是尽了全力的。

艾岚心语▼

  我所做的一切，是不是就让孩子如有神助，创造出了让人惊叹的奇迹了呢？这绝不是一个肯定回答，但也不能全盘否定。鸡汤的作用确实不大，明智的人都知道。我这样做，无非也就是锦上添花而已，并不能帮助孩子们解决多少实际的问题。因为，不管出什么花招，最终拿出来比的，都是实力！但是，我可以肯定地说，我这样做，可以增强孩子们的信心，可以让孩子们更加轻松愉快地去迎接这场战斗，可以让孩子们发挥出相对平时较好的成绩。

  孩子们在前方战斗，老师能做的，也就是在战斗前做好各方面的充分准备，然后逐一告诉孩子，让孩子也做好充分的准备。毛泽东早就说过，不打无准备的仗。做好充足的准备之后，就是平和、耐心地等待结果。根据莲韵九班孩子的身体状况，女孩我是很放心的，男孩，我是不放心的。他们就算比平时考得好一些，但绝不会令人惊喜，不会创造奇迹。毕竟，运动是需要体能的，并非你激动人心就能变成超人。但这有这么重要呢？这不就是人生的一种体验吗？通过这次考试，他们知道了，老师一直都在背后不离不弃地支持他们，相信他们！他们也知道了，自己的同学在鼓励自己，在期望彼此取得优异的成绩，他们在一起并肩战斗，这种"革命"友情终生难忘！还有一点，通过这个考试，他们会收获激动人心的感受，会明白爱拼才会赢的道理！事实上，不管他们的分数怎么样，他们都收获了成长的养料！

潜龙不必急着升天

体育成绩出来时，我看到的结果是：潜龙并没有升天！或者根本就不是潜龙，只是小鱼儿而已。莲韵九班共29人参加中考，女生15，男生14。数据显示：女生12人满分（体育满分是30分），2人29分；男生0人满分，29分的也只有向往一个。

看到这个成绩，我不得不仰天长叹：带了20多年的班，平生第一次遇到男生弱爆了。14个男生参加体育中考，竟然没有一个满分！我拿什么拯救你？我的男孩！

连我儿子都替我着急，说："下年你一定要申请从初一带起，你看你，接别人的班，累得不行不说，连招牌都砸了！"

我苦笑，答道："累倒是真的！不过招牌还是没有砸的。我一个班主任外加语文教师，我有多大能耐去帮助男孩发育以及提升他们的体能？连续两年待在初三，去年的初三，我是尽情享受；今年的初三，我是劳心劳力，可是效果却是天壤之别。为什么？前者是我一直带上来的，层层铺垫，步步为营。还有两个班学生的性格也不同，先天体能也不同！让我稍感安慰的是：男生虽然窝囊，女生还算争气！"

同事也问我，看到这个成绩是不是很郁闷啊？我说不郁闷，我只是担心。事实上我真不郁闷。我干吗郁闷呢？这个事情是我能左右的么？我担心的是，这群小屁孩要体力没体力，要脑力没脑力，除了拥有先天的快乐之外，他们好像啥都没有，今后拿什么去跟别人竞争？学校当然能接受他们的种种不佳，但这个社会呢？就算他们天生比别人跑得慢，但起码不要掉队啊！俗话说，跑得快不如跑得久，关键是你要跑啊！你得有坚持跑的耐力啊！

我当然不会因为他们考试不佳而小看他们，更不会跑到教室怒斥他们。我知道，看到这个成绩，他们个个都是灰头土脑的，眨巴着可怜的小眼睛，闪烁着可怜的小眼神，无奈地嘀咕：怎么会这样呢？我怎么会这样呢？

对于莲韵九班这群身体和精神都发育滞后的男孩，我还能说什么呢？

我会说，其实没有那么可怕，我当初也是个大尻包。

我天生没有音乐细胞，读师范时，第一周上音乐课就被音乐老师骂得半死，所以我至今未开口唱过一首歌，如果让我去 KTV 唱歌，那简直比杀了我还难受！我不会跳广场舞，因为我听不懂音乐的节奏。有次学校请了国标舞教练来教女教师跳舞，我去舞了一圈，感觉比登泰山还难，吓得我飞跑而去。

我也不会画画，拿着画笔，看着调色盘，我感觉就像上刑场一样，头皮都发麻了。不瞒大家说，我读师范时，我的美术作业全部都是我的那些哥们帮我完成的，我只负责给年轻的美丽的美术老师讲故事以遮挡她发现我作弊的眼光。

我的体育也不好，我天生没有节奏感。有一次考试喊"一二一"，我一个人喊了 20 分钟都不过关，体育老师说，看到你这个先天不足的家伙，想死的心都有。最后，他熬不住快要死了的感觉，破例让我过关了。除了懂得看篮球之外，所有的球，在我这里，都得滚开！因为，我不懂！至今，我唯一乐此不疲的锻炼就是迈开腿儿疾走，因为这个运动最简单，最粗糙，最不讲节奏，快慢由我掌握，长久随我心情。

说起这些，我是不是弱爆了呢？我就是一个弱爆了的人啊！

但我的脑子灵活啊！

我的语言表达能力很强啊！

我对文字的感觉很灵敏啊！

我有很强的耐力啊！

我的三观很正啊！

我会自我教育啊！

我的情商很高啊！

我能走到今天，我扬长避短了，我坚持不懈了，我没有因为一次或者多次的失败就颓废放弃。我一辈子都记得我妈的名言：不怕慢，就怕站。我知道，只要我慢慢走，一直走，永不放弃，我就能走到我要去到的那个点！

别人奋斗3年就能得到的东西，我奋斗了10年才摸到边，我还加了5年才得到我想要的东西。

回过头来看我的那些同学，我们当初一起描述的梦想，只有我这个最笨的人抓住了梦想的尾巴。很多比我聪明，比我厉害的人，都停止了自己的脚步。他们，离自己的梦想很远很远了，甚至都彻底忘记了自己的梦想！

这么看来，潜龙既然被称为"潜龙"，那就应该潜入深水，好好修炼，直到修成"上仙"，你才可以升天。这就意味着，潜龙不必急着升天。没有升天那是因为你实力不够，你应该做的，那就是潜水修行。

我承认，咱们班的男生身体发育相比其他班级，确实整体上要滞后一点，但我们也不得不承认，有不少男生在心里是拒绝成长的，是舍不得吃苦受累的。客观上咱就不说了，可以理解，但主观上如果再不主动成长的话，孩子们，你就只能厌一辈子了。今后，你的上司视你如粪土，你的同事视你如草芥，你的老婆视你如仇寇，连你的孩子都看不起你！因为，这个世界并不待见一个本分的厌包。

亲爱的孩子们，如果你觉得你是潜龙，并且还不具备升天的能力，那么，就潜伏起来，不要着急，也不要放弃，而是耐心地、持之以恒地修炼，早晚，你一定会潜龙升天的！

艾岚心语▼

鸡汤喝足，鸡血打满，仍然失败了。这个时候，老师该怎么去面对自己的学生呢？叹息他们不争气，那他们就会对自己极度失望。指责他们弱成渣，那他们就只能变成灰。狂骂他们没出息，那他们就会自暴自弃。体育考试不比文化科考试，这个确实是需要体力，需要运动天赋的。对此，老师自身要有清醒的认知。

关键是怎么去把沉溺在失败之中的孩子拉出来，让他们恢复信心，把后面的文化考试仗打赢。

我没有责怪他们，我只说我自己。把当初那个弱爆了的自己展示给孩子们看。让他们看清楚，眼前这个能量满满，在自己专业领域里有一定发言权，在全国有一定知名度的老师，竟然有那么多的短板。但这并未影响我成为一个让自己满意的人。这种现身说法的效果是惊人的，尤其是他们敬佩的老师，外表光鲜、内心强大的老师，竟然也是一个弱爆了的人。但是，她没有被失败打倒！而是沉下心来，潜心修炼，最终把自己修成"上仙"，飞升上天了。当孩子们看到了我的生命成长史，他们的士气就被我鼓起来了，因为，他们从我身上看到了希望。我多次建议，老师一定要把自己编成一本有料有趣的教材，当孩子们满怀失望，这个时候，老师就要把自己这本教材抖出来，让孩子们看到希望，看到前行的光亮。你始终要相信，一个有希望的人，一个能看到前行光亮的人，一定会走出灿烂的人生！

最坏的结果，也就是大器晚成

莲韵九班有个女孩，我叫她小麦。她是我见过的最勤奋最懂事最听话的女孩。

听课专心致志，作业一丝不苟，笔记做得整齐美观，纠错本上错题全部缉拿归案，不懂的一定要找老师求助。老师介绍的好的学习方法，她都会去尝试。

她性格非常坚毅，认准的事绝不放弃。比如她一心要读高中，体育训练再苦，她都咬牙苦练，最终体育中考拿了满分。学习再艰难，她从不言弃，一个漏洞一个漏洞地补，我看着既心痛又佩服。

照这样说，小麦的成绩在班上应该是数一数二了。

但事实上不是，小麦的成绩确实不在后面，但也靠不了前，班级 20 名左右吧。

为何孩子性格很坚毅，内部动机也很足，却拿不到最好的成绩呢？

这当然还有一个重要的因素，那就是资质。也就是说，小麦不是特别聪明的孩子。她能取得这样的成绩，全是靠她的勤奋所得。

小麦当然也有迷茫，也曾自我怀疑。

我只对她说了一句话：我相信你，最坏的结果，也就是大器晚成！然后，我就看到了"杀气腾腾"的小麦。

我当然不是给小麦灌毒鸡汤，我说这话是有依据的。

教书二十多载，可谓是桃李满天下了。扪心追昔，那些最聪明的甚至是考班级第一、年级第一的孩子很多都成了平常之辈。倒是好多当初资质一般，却肯下功夫死学的孩子，进入社会，找到了适合自己的事，咬牙切齿干一番之后，成器了。

我还记得我96届带了一班学生，有个女学生，学习非常的努力，真的是努力到"丧尽天良"的程度，但是效果奇差。我每次看到她咬牙切齿的努力，我就心疼，就想劝她放弃，但我忍住了。我在班上反复说，我佩服她那股子韧劲，她是我见过最努力最勤奋的学生，生活一定会赐予她美意，她必定大器晚成！

女孩当然是没考上高中。我们必须要明白，当一个孩子在学习上没有融通，并且智力平平，不是老师几句鼓励话就可以让孩子的成绩突飞猛进的。教育可以创造奇迹，但不可以杜撰神话。

这个女孩上不了高中，但她并没有放弃学习。她去县城拜师学艺，跟着一位老裁缝学习裁剪技术。我去看过她好几次，老裁缝每次见我都苦笑着跟我说，这孩子脑子转得慢，别人一个小时弄懂的窍门，她要三个小时才能悟透。我听了这话就很担心。老裁缝又安慰我，说，慢工出细活，反正人年轻，多学几年，一样可以把手艺学得精。

后来我得知，别的学徒一年就出师了，她跟着师傅学了两年才出师。不过她的手艺很好，在县城棉纺厂附近摆了个摊，生意还算兴隆。

之后就是长久的杳无音信。

去年她才跟我联系上。她见到我时，一再地对我表达感激。我有些难为情，说，很抱歉啊，我当年也没帮上你什么忙啊，一切事情都是你自己做的啊。

这个女孩激动地说，我当初那么笨，好多同学都背后嘲笑我，可你却在班上说佩服我，还说我凭着我那股勤奋劲一定能大器晚成，我还真凭着我这股勤奋劲闯出了我的一片天呢。

女孩的"天"是什么呢？她告诉我，因为没有学历，她受过很多苦，也因为不够聪明，吃过不少的暗亏，但她始终没有抱怨，也没有放弃。她嫁的丈夫也很一般，就是个建筑工人，她跟着丈夫去了工地。慢慢地，她看出了一些门道，于是她开始承揽一些小工程，慢慢地，她竟然开了一家建筑公司。由于她勤奋、厚道，很多单位都愿意跟她合作，她的事业越做越大。现在她是公司的老总，在城市里有了自己的房子和车子，还把父母接到城里，给他们买了房子和社保。她说，以她那样的脑袋，哪有可能会过上现在这样的生活，都是因为始终牢记我说的话，最坏的结果，也就是大器晚成，所以，不管遇到什么困难，都咬牙坚持，始终相信，这个世界上总有一件事是自己做得好的！

哦，想不到我创造了这么励志的故事。其实，类似这样的励志姐，或者是励志哥，在我教过的学生中还不少。

小麦，一个那么上进的姑娘，我凭什么要去打击她呢？再说了，未来的事，不可预测。我凭什么要掐断小麦心中的希望之苗呢？让孩子活在希望之中，她才有前进的动力，也才能找到最好的自己。

有个老师在我的公号里留言，她说，这世道做得好不如说得好，你应该是说得好的那一位。

看了这个留言，我有些委屈，事实上我不仅说得好，我也做得好！我是个言行一致的人，我也是实干主义者，我提倡凡事做出来才做算。

只是，小麦不论是做事还是做人，都非常的认真负责并且还极其主动，我能为她做什么呢？听课，写作业，补漏洞，人家哪样没做？换一种说法，是不是这孩子方法不对呢？我有没有在学习方法上对她进行指导呢？肯定有！我历来强调做事一定要有方向、方法、做法，只有这三者联系起来，才有效果。

这也告诉我们，当孩子们做事已经非常主动，并且老师也进行了方法上的指导，效果还不明显的话，那么老师的态度和说法就极其重要了。

老师的态度，在很大程度上决定着孩子的信心。如果我们的态度是赞同的，欣赏的，那么孩子就会自信心爆棚，不管遇到什么困难，都敢于去尝试，不会轻易放弃。如果我们的态度是反对的，鄙夷的，那么孩子的自信心就会遭到严重的打击，很多孩子就会妄自菲薄自暴自弃。

还有，老师的表达也非常重要。我们经常说，好酒好菜未必肥得了一个人，一句不中听的话就会得罪一个人。作为老师，扪心自问，很多时候我们明明很认真负责，事情也做得妥妥的，可学生却不买我们的账，为啥呢？因为说话难听，不开腔则已，一开腔（枪）就打死一拨人。回头想想我们的学生时代，是浮现在我们眼前的事多呢，还是回响在我们耳边的话多？所以说，做老师的，不仅要低头做事，还要抬头看方向，更要拿出你压箱底的行头——好好说话，说推动学生进步的话，说温暖学生心灵的话，说唤醒学生灵魂的话。

艾岚心语 ▼

　　不知老师们是否喜欢看一档综艺节目，那就是"奇葩说"。如果没看的，推荐看看，所谓的"奇葩"其实是一群很有意思的人。同时，也可以读一读由马薇薇、黄执中、周玄毅执笔，马东出品的《好好说话》一书，读完，掩卷沉思，你会猛然醒悟，一个老师，把话说好是多么重要啊！老师跟学生交往，用得最多的就是"说话"。怎么说，特别考验一个老师的学生观以及情商。一个不以"学生为本"的老师，是说不出让学生感到快乐的话，也说不出让学生热血沸腾的话。因为这样的老师，他不把学生当人，只把学生视为考试的机器，你成绩不好，自然不受待见。你努力了还差得一塌糊涂，自然会被看不起，甚至还会认为你拖了他的班级均分而恼你。这就说明，一个老师形成正确的教育观与学生观是多么的重要。

　　一个老师是否能把话说到学生心窝里，光有正确的学生观还不够，还需要习得说话的技巧，能够懂得学生在什么时间听什么样的话才能使其生命绽放。这个本事当然不是天生的，更多的是在实践中练习，在书本中学习。比如闲暇之于可以读一读刘墉的《把话说到心窝里》，赵坡老师的《班主任如何说话》，蔡康永的《蔡康永的说话之道》等书籍。实践加阅读，假以时日，就能够说出让学生感动、励志的话来。

再相遇，我们都要更加美好

亲爱的孩子们：

中考转眼即来，这两天请你们做到如下几点：

1. 心里要静。静静地梳理各科的知识点，静静地吃饭睡觉，静静地上学放学，总之，让自己的心安静下来，心平气和地去迎接这次考试。

2. 身体是革命的本钱，这句话在任何时候都不过时。这周天气非常炎热，尽量不要去太阳下面暴晒，中午不要在室外溜达，一句话，不要让自己中暑！另外，管好嘴巴，吃清淡干净的东西。身体有不适，赶紧找医生修复。

3. 人生路很长，中考只是一个小坎而已，抬脚就能跨过。即使跌了个趔趄，只要愿意爬起来继续朝前，仍然可以走向远方。所以，既要咬牙闷头朝前冲，也要偶尔停下看看前方，看看风景。

4. 从今晚开始，不要熬夜。11点以前无论如何要进入梦乡。睡得好，整个人才会神清气爽，考试发挥才好。

还有，今天是最后一次上班会课。尽管教学处要开关于中考的广播会，但我还是要挤点时间跟你们说几句我的心里话。

一、关于女孩

我摸着我的胸口用坚定的语气说：莲韵九班的女孩，是我从教25年以来，遇到的最好的女孩！补充，我是说从整体水平上来比较。她们是一群有正念、正思、正行，并且又很有情趣的女孩！

女孩之间，没有明争，没有暗斗，没有八卦，没有分裂……每天，我都能看到她们明媚的笑容，听到她们爽朗的笑声。她们心态阳光，情绪稳定，性格优良，真的是可爱极了，而我，每每看着她们，心里真是爱极了。我带过很多班，当然也遇到不少极具正念的女孩，但一个班的女孩基本上处于这种状态，可以说，只有莲韵九班，没有之一！

女孩们不论是在体育上还是学习上，都很主动，也很努力。她们心里都有梦想，都想过一种自己能够掌控的人生。还有一点非常重要，那就是莲韵九班女孩的心都很大，从来不会因为一些鸡毛蒜皮的事唧唧歪歪，更不会因为老师的一句批评而心生怨恨。遇到事情，她们都能设身处地替他人着想。为人处事不做作，不浮夸，也没有公主病。

带莲韵九班一年，我没有操心过女孩之间的人际纠纷，也没有处理过女孩的违纪事件，更没有被女生惹得生气。我觉得我很幸运，能够在这一年遇到这样一群女孩，这是我此生的福气。

莲韵九班的女孩如此优秀，并非我的功劳！

这都是因为女孩子们能够自己教育自己，愿意成为最好的自己，我才能有这么美好的相遇。

还有一点非常重要，那就是每个女孩都有一个稳定健康和谐的家，她们的母亲都是尽心尽责的好母亲。只有健康的原生家庭才能培育出积极健康的女孩。在此，我要真诚地感谢莲韵九班每个女孩的母亲。当然，我也真诚地希望，莲韵九班的女孩，不仅要成长为神一样的女孩，今后做了母亲，也要把自己修炼成神一样的母亲，然后，培养出神一样的儿女！

最后，希望莲韵九班每个女孩都心怀梦想，一心走路，把优秀当作习惯，然后，优秀到让别人无法忽视！

二、关于男孩

学科老师都说莲韵九班的男孩很厉。单从数据上来看，男孩确实是厉了一些。但人是活的生命个体，又岂能只从数据上来分析呢？

我说一句公道话，注意，以钟老师目前的专业意识和专业能力，我的话可信度还是很高的。我以为莲韵九班的男孩是我带班 25 年以来，遇到的最开心，最温顺，最有温度的男孩！

男孩的成长本来就比女孩滞后一些，因此，暂时的落后并不代表今后的落后。我自己的儿子，在小学的时候，被女生踩在脚下，初中的时候，也被很多女生抛在身后，到了高中，他就把与女孩的成长距离缩短了，甚至超越了。这就告诉每个男孩，不要对自己失望，更不要自暴自弃。只要你不放弃你的成长，总有一天，你会光芒万丈！

为什么我说莲韵九班的男孩是最开心的男孩呢？不论是体育老师的投诉，还是学科老师的吐槽，抑或是考试的失利，你们有看过我们的男孩摆脸子么？或者说哭鼻子么？有看过他们难过得吃不下饭睡不好觉么？不论遭遇多大的失败，他们每天都笑嘻嘻，乐呵呵的，内心真的很强大，这一点，我非常欣赏。

同学之间，除了偶尔有些鸡毛蒜皮的小摩擦之外，没有让人惊悚的打架，也没有让人怒其不争的斗气。这一年里，我都没有处理过大型的斗殴事件。我觉得我的智慧在莲韵九班毫无用武之地了。

不论我安排什么事，男孩们都没有抗拒过，也没有跟我顶过嘴，不说言听计从，最起码只要我说得有理，男孩们都会照我所说去做，虽然效果很多时候不尽人意，但不管怎么说，态度是极其端正的，这一点，我很满意。

最后说莲韵九班的男孩是有温度的，女孩可能不觉得。因为有一次体育课下雨了，男孩先跑上来，却不懂得转身回去给女孩送伞，因此遭到女孩的集体吐槽，但这件事不能证明我们的男孩缺乏温度。

在一个女孩普遍强势（能力方面）的班级里，男孩没有奚落，没有谩骂，没有对抗，而是发自内心地接受女孩的优秀，并且还以女孩优秀为荣。这一点，足以证明男孩是有温度的。

其次，当女孩们因为学习压力，家庭压力等心情沮丧时，有些男孩会主动陪伴、开解，并且找我出谋划策。这些都足以证明男孩的温度。

当所有的老师都流露出莲韵九班女生优秀，看好女孩时，男孩没有杂七杂八的说辞，更没有无中生有的嫉恨，而是心平气和地接受，然后暗暗使劲，默默努力。

我以我诚恳的专业态度告诉大家，虽然从大数据上来看，莲韵九班的男孩整体上暂时落后，但我有100个理由相信，只要他们心中的梦想不灭，慢慢地朝前走，一定能在远方找到充满诗意的人生。有句话我记得是俞敏洪说过的，他说，跑得快不如跑得久！亲爱的男孩们，只要你不停歇，即便跑得慢，也有跑到终点的时候。还有，记得钟老师的一句话，大器一定是晚成的！

孩子们，看到自己身上的光芒，拿出自己的信心来，努力每一天！你们，配拥有更好的生活！不管你现在如何，只要充满希望，只要不放弃自己的梦想，就一定能找到最好的自己！希望我们大家都继续努力，朝着自己的梦想前进，这个大家当然也包括我在内。若干年后，我们再相遇，彼此都变得更加美好！

艾岚心语▼

苏东坡与僧人佛印是好朋友，一天，苏东坡对佛印说："以大师慧眼看来，吾乃何物？"佛印说："贫僧眼中，施主乃我佛如来金身。"苏东坡听朋友说自己是佛，自然很高兴。可他见佛印胖成堆，想打趣他一下，笑曰："然以吾观之，大师乃牛屎一堆。"佛印听苏东坡说自己是"牛屎一堆"，并未感到不快，只是说："佛由心生，心中有佛，所见万物皆是佛；心中是牛屎，所见皆化为牛屎。"

心中有佛，所见是佛。这个故事其实蕴含着深刻的教育道理。老师心中有爱，有包容，有欣赏，他看见的学生就有诸多的优点，就会有美好的前程。相反，老师心中有恨，有狭隘，有抱怨，他看见的学生就一无是处。还有一句话是这样说的：你想你的学生成为什么样的人，你就把他说成什么样的人。到时，他一定会长成你描绘的样子。

我希望我的学生，不管他处在哪个层面，他都应该是那个层面的佼佼者。所以，在他们离开我之前，我要真诚地告诉他们，即便是全世界的人都不相信他们身上有优点，我也是相信的！他们的成绩虽然没有突飞猛进，但他们每天都有进步！他们虽然沉睡多时，但经我一唤，都醒了过来。他们虽然耽误了成长，但最终没有错过成长！我坚信，多年之后，我跟莲韵九班的孩子再相遇，我们一定都会变得更美好！同时，我也提醒天下所有老师：向佛印学习，用积极、发展的眼光看人！